市田良彦
Yoshihiko Ichida

ルイ・アルチュセール

——行方不明者の哲学

岩波新書
1738

目次

※引用文中の（　）は原文、〔　〕は引用者による注記である。

カントの「超越論的エスカルゴ」を講じるアルチュセール．時期不詳だが風貌からして1970年代中頃か．1985年のテキスト「唯物論のユニークな伝統」に言及がある．黒板上にはスピノザの「コナトゥス」(本書171頁)という用語も読める．

第一章◆行方不明者の生涯

一　理論と経験

二つの峰

ルイ・アルチュセールの生涯には、ひときわ高い峰が二つ聳え立つ。一つ目の峰は一九六五年、二冊の書物の形をとって現れた。単著『マルクスのために』と共著『資本論を読む』である。この峰はそこから発せられる光によって、マルクス主義はおろか哲学の現在を刷新して、その未来を変えるかに思われた。そこは、輝く峰である。共著者の一人はのちに、あれは「閃光」であった、「誘惑し、眩暈を起こさせる奇妙な力」をもっていた、と回想している。世界の読者、とりわけマルクスに魅かれつつ共産党に帰依できない人々には、著者たちの声は「理論」の福音として響いた。アルチュセール派と称される使徒たちが現れ、彼らのなかにはいまでもその「理論」を受け継ぎ、フランス思想界の中心で活躍している人もいる。分光・屈折した「閃光」の輝きなら、哲学はおろかほとんどの人文系学問分野に及んでいる。

二つ目の峰は一九八〇年に突然現れる。それまでに放たれた明るい光をすべて吸収するかのような黒い光を、それはいまも放ち続けている。哲学者が妻を殺めてしまうのである。それも、一つ目の峰の麓にあった高等師範学校の居室で。そこは、未来の大学教師たる学生たちが必ず足を踏み入れる部屋だった。彼らに個人指導することを重要な職務とする地位（復習教師）に部屋の主があったためである。使徒たちの学派が登場して以降は、彼らの本拠とも目された。殺人はその部屋をブラックホールに変えてしまう。眩い閃光ではなく、光と闇の落差が、人々に眩暈を起こさせる。二冊の書物を読んだことのない人でも、事件のことは知っている。事件のことを知っているために、二冊を手に取らない人も多いだろう。「理論」の行き着く先は、ここだった……。彼がまだ生きていた一九八八年、弟子の一人はこう語っている。「自国において、この男の名前と彼が書いたものの意味は、今日、完全な抑圧対象になっています。それらはほとんどタブーです」。

アルチュセールを正面から論じようとすれば、どうしても二つの峰のあいだのどこに身を置くのかと自問せざるをえない。そして、答えはたいてい決まっている。どちらかを無視するのだ。そう言って悪ければ、とりあえず棚上げにする。しかしいずれを選んで語るにしても、他方の峰の存在はあまりに重たく、もっとも現実的な答えは、ルイ・アルチュセールという哲学者から離れるという態度であったろう。さほど高名でなかったアルチュセール派の人たちは、ほとんどそうした。衝撃を受け止めきれず、著作活動そのものを事実上やめてしまった人もいる。眩暈のあとに沈黙が訪れる。殺されたエレーヌは、彼らの友人、政治活動における仲間でもあったのである。

しかし、明るい光と黒い光の落差そのもの、あるいは二つの峰を雲海の下で地続きにしている一つの山に、なにか重大な問題を予感した少数の研究者が、土に埋まった哲学者の言葉を丹念に掘り返す仕事に彼の死後あたりはじめた。掘り起こされ、出版された資料の量は、哲学者が生前自ら刊行した著作のそれをはるかに超える。本書もまた、そんな仕事の系譜のなかにある。

哲学を「ねつ造」する

同時に、本書はその系譜からも、ほんの少し外れようとする。というのも、本書が再現しようとするのは、哲学者がけっして書かなかった「哲学」だからである。生前には発表されなかった原稿や私信にはこんなことが書かれている、と紹介する段階はすでに終わった。それらと、有名であったり忘れられていたりする著作とを突き合わせ、にわかに捉えがたい哲学者の全貌やその思想的断面を明らかにする研究は続いている。本書もその延長線上にあるにはちがいないのだが、そこからさえ少し外れようとする。

どういうふうにか。アルチュセールが『マルクスのために』と『資本論を読む』のなかでやったように、だ。彼はそこで、「マルクスの哲学」が『資本論』のなかにたしかにある、と述べた。しかしその「哲学」をマルクス自身は必ずしも知っていなかったと考え、その「哲学」に「理論的」な形を与えることを自らの仕事と規定した。彼はその点について、のちに——ほんの数年後である——私は「マルクスの哲学」なるものを想像的にねつ造したと自己批判したけれども、では二冊の書物において提出された、たしかにマルクスのなかにはない「重層的決定」や「構造的因果性」の概念を撤回したかというと、そんなそぶりはまったく見せない。それも、死ぬまで。

本書もまた、のちになんらかの点で自己批判する可能性を留保しつつ、同じことを、対象をマルクスからアルチュセールに替えて試みようとする。すなわち、アルチュセールは自分の哲学を「知らなかった」と本書は想定する。そのうえで——あえて言う——本書は「アルチュセールの哲学」を、彼がもっとも影響を受けたスピノザをめぐって「ねつ造」する。自己批判における「ねつ造 forger/inventer」という語の出所も、実はスピノザである。既邦訳書では「虚構する」と訳されている「ねつ造する *fingo*」は、スピノザにとって人間に不可避の行いである（『知性改善論』）。

このスピノザにならうことで本書は示唆したい。アルチュセール的なスピノザ哲学は、アルチュセールが火をつけたと言って差し支えないスピノザ・ルネサンスに登場したどのスピノザとも似ておらず、似ていないことにより、哲学においてスピノザの名と結びついた現在と未来

——政治の不確かな行方にかかわる——を変えうるポテンシャルをもっている、と。

二つの峰は下部においてつながっているという本書の最初の主張を正当化する論拠は、アルチュセール自身の次の言葉に求められる。「ぼくは理論において自分と直接関係しないものはなにも理解できない」(フランカへの手紙、一九六三年五月二一日)。「現実的なものとの二種類の関係(合理的関係と情動的関係)があるのではない。関係は一種類しかない。(……)理論的対象との関係は自己との関係にも規定されている」(同一九六二年一〇月二三日)。「理論」はいわば最初から、それを提出する人間のきわめて個人的な「経験」と一体だったのである。「理論」という語に預言のアウラをまとわせて学生たちを惹きつけた著者の言葉としては、ほとんど信じがたい。アルチュセールの思想がいまもそこで息づいている厳密な「概念の哲学」を、彼自身が裏切っているかにさえ見える。しかし、この一体性ないし連続性が峰の下にはある、と哲学者自身が主張している。

とはいえ、あるいはだからこそ、「経験」のほうから出発しよう。アルチュセールの手になる二つの自伝があり(『事実』一九七六、『未来は長く続く』一九八五——以下『未来』と略記)、未完とはいえ詳細な伝記(ヤン・ムーリエ・ブータン『アルチュセール伝』)もあるものの、「理論」と「経験」の峰が地続きであることを示し、その上に「哲学」を据えるためには、哲学者の生涯をこの目標に照らして整理しておく必要がある。

二　落差と眩暈——青年期

「私」は二人いる

生涯を通じて積み重ねられる諸経験の発端にも、一種の落差と眩暈があったようだ。最初の自伝『事実』は冒頭近くでこう記す。「私は四歳で生まれた」。ありえない。だからこれはもちろん、自伝作者による韜晦のレトリックだ。四歳で生まれる人間などいない、しかし私はここにいる。自分の出生をめぐる強い違和感を、彼は「いる」と「いない」の併存によって表現する。

ルイ・アルチュセールは一九一八年、フランスの植民地であったアルジェリアで生まれた。その四年前の一九一四年とは第一次世界大戦がはじまった年である。アルチュセールにとっては、やがて父となるシャルルとその弟ルイが出征した年である。名前からうかがえるように、哲学者の名前はこの叔父から取られた。兄は生きて復員するものの、弟は戦死する。しかし、帰らぬ弟を偲び、兄がその名をわが子に与えたのではない。生まれた子どもをルイと名づけたのは、哲学者の母、ほんとうは「ルイ・アルチュセール」と結婚するはずであったリュシエンヌである。哲学者は、母とその許嫁《いいなずけ》の別れの年を自分の年齢の零年としたわけだ。「ルイ」は代名詞「彼《リュイ》」と音が近い。「その響きは名もなき第三者を呼ぶ声にも聞こえ、私から固有の人格を奪い取り、私の背後に隠れたあの男を暗示した。彼《リュイ》はもともとルイだった。母が愛した叔父であって、この私ではなかった」(『未来』)。一九一四年、一人のルイが恋人の前から消え、一九一八年、もう一人のルイがこの世に現れる。結婚前に小学校の教師をしていた妻は、一三歳で働きはじめて教養もなく粗暴な性格であった夫を愛さず、結婚後も、戦地から届いた恋人からの手紙の束を大切に保管していた。二人目のルイは幼少期から、両親の馴れ初めと手紙の存在を母の妹から聞かされていた。

そんな少年の心理に深入りしようというのではない。少年の精神分析は、哲学者自身が二つ目の自伝において、ヰタ・セクスアリスの告白を交えて詳細に行っている。注目したいのは経験の構図である。「いる」と「いない」、私と叔父は、併存することで「私」の経験を形づくっている。併存の経験が「私」に固有の経験である。併存は分裂と似ているが、少年ルイはけっして引き裂かれたわけではない。彼が気づいたときにはもう彼の「私」は二人いる。二人いることが彼の「私」にほかならない。つまり、併存がまず出来事としてあり、「二」を包括する枠組みとして、「二」が「ある」はずのものとして出現する。しかしそれは「ない」とも同時に知らされる。出現と消滅のこの同時性、少年が困惑の眩暈とともに知ったはずのこの落差が経験の中身なのである。「ある」は瞬時に「ない」に墜落する。あるいは移行する。移行は併存よりももっと分裂と似ていないだろう。正反対ですらある。「ない」への墜落、移行としての「ある」。

併存と移行の経験がアルチュセールの生涯には満ちている。というか、そんな経験をさまざまに変奏していくことが、二人目のルイの経験となっていくように思われる。

「行方不明者」になる

そのはっきりした最初の例が捕虜時代に現れる。パリの高等師範学校に合格した翌年の一九四〇年、アルチュセールはドイツ戦線に動員された。しかし戦闘を交える前に、フランス国内でドイツ軍の捕虜になる。彼の戦争体験とはしたがってそのときから終戦の一九四五年にいたるまでの、ドイツ北部にあった収容所における捕虜生活がすべてである。彼はそこで経験をめぐって大きな一歩を踏み出している。かつて痛苦とともに知った併存と移行を、辛い現実を生きぬく方法に転換するのである。

それは、ある脱走計画をめぐって行われた。「逃げたと信じ込ませるためには、収容所から消えればよかった(……)。そのためには脱走する必要はなかった。行方不明になればよかった。つまり収容所のなかに身をひそめ(不可能ではなかった)、警戒措置がゆるむまでの時間(三週間)を過ごし、あとは黙って立ち去ればよい。要するに、私はそとに出ることなく収容所を脱走する方法を見つけたのである！」(『未来』)。計画は実行されなかった。解決方法を見つけたというだけで、アルチュセールは満足する。「誇らしかったし、力量を証明したのだから、行動に移す必要はなかった」。収容所のなかにいながら、いないこと。実際に脱走しては、捕まるかもしれないし、占領下のフランスで暮らす家族に累が及ぶかもしれない。いずれにしても、脱走の目的である自由をほんのいっときしか味わうことができないだろう。それよりは、ここにいて、脱走したのと同じ状態を手に入れよう。「いる」と「いない」が相互に移行し合う状態にわが身を置こう。

アルチュセール自身が、この「解決策」を幼年時代の経験に帰している。それは「遠い過去から私のところにやってきた」。私は生まれたときから「行方不明」であった。少年であった私は、そのことに苦しんだ。母の目のなかに私はおらず、私の存在は透明であった。しかし存在のそんな希薄化は、私を縛る運命や状況のそとに脱出する方法ともなりうるのでは？　透明な存在を受け入れれば、私はむしろ自由になれるのでは？　実際、脱走計画の中止後、収容所生活の色合いは激変する。「どれもこれもまるで日曜日のように楽しく、つまりはこれが共産主義だと思わせる毎日だった」(『事実』)。アルチュセールにとり、哲学者になるとはこの転換を問題として考えることであった。「哲学の勉強を再開することになって以来、私はこの脱走劇を忘れたことがない。というのも、哲学における(……)問題中の問題はつまるところ、枠のなかにとどまりながら枠外に出るにはどうすればいいか、ということだからである」(同)。哲学者にとっては共産党との関係もまた同じであった。「のちに畏友ランシエールが、共産党に残るために共産党を批判していると私を非難したとき、このエピソードを彼が知っていれば、考えをめぐらせる材料ぐらいにはなったろう」(『未来』)。「理論」と「実践」の両方において、彼は「いる」と「いない」を往復しよう、同じときにその両方であろうとするだろう。私は哲学と政治において「行方不明者」でなければならない。それが私の「存在」だ。

もちろん、経験のこうした構図はあとからねつ造されたものかもしれない。とりわけ、人生を振り返って筋道をつけるよう書き手に促す自伝は、忘却、隠蔽、変形をともなわずにはいないだろう。たとえ事実を語っていても、語りの構図は語る現在のものである。もちろん、徐々に形成された構図が自伝の語りに結晶した可能性もある。いずれにしても、経験の構図は記憶に、したがってなにをいかに経験したかに、ふるいをかけずにはいない。

「暗い夜」

構図の成立にあたって、アルチュセールの場合には、捕虜時代に著作集を携行していた十字架の聖ヨハネからの影響が抜きがたくあったはずだ。一六世紀スペインのカトリック司祭、神秘主義者、詩人である。神を見ることに憑かれた人、人間を暗い夜に喩え、神の目の光によってわが身を満たしたいと焦がれた聖なる詩人である。

聖ヨハネの詩「暗い夜」への間接的だが直截なオマージュを、アルチュセールは戦後まもない時期の批評文で捧げている。アレクサンドル・コジェーヴのヘーゲル論を論評するテキストを、「人間、この夜」と題するのである。詩人にとって、キリスト者の実践とはひたすら暗闇を突き進むことであった。光は人間のそとから射し込むのではなく、人間そのものである暗い夜の底から浮かび上がってくる。光を見るためには、闇の奥へ進まねばならない。闇が人間の目から執着の対象を消し去るにつれて、「心に燃える光」が見えてくるだろう。闇と光のこの交代プロセスが魂の「浄化」だ。

アルチュセールは十字架の聖ヨハネのこうした論理を、あえて実行しない脱走計画に、いずれかの時点で投影したはずだ。私がいなくなることで、収容所のほうがないも同然になる。ヨハネの言う信仰者の「能動的な夜」によって、収容所は神の光に導かれる「受動的な夜」に変わる。計画立案の前にヨハネの論理が方法としてあったのか、計画とその中止をあとからその論理によって解釈・正当化したのかは分からない。行動や振舞いと読書や思索が合体し、経験に意味を与える構図、意味ある経験を形成する構図が、とにかくできあがったのである。それにしたがえば、二人のルイは、二人の状態をそのまま生きることによって、やがて哲学者に光を発見させてくれるだろう。私はもはや叔父の存在に苦しむ必要はない。叔父の存在すなわち私の不在こそ、私の「夜」、神にまみえる可能性の条件だ。光に満たされるには、闇になる必要がある。

アルチュセールは神秘主義者になった？　だが、脱走計画や母子関係の処理に「浄化」の論理を適用する、それも対象から身を引くようにではなく、それをそのままにしておくために使う、とはいったいどういう神秘主義なのか。現世的なものの「剝奪」、真の「脱走」へはいっこうに向かわない。彼はそれどころか世俗性の権化のような父に憧憬の念すら抱き、やがては、政治の現実を誰よりも知る人として、元レジスタンス闘士、エレーヌ・ルゴシアンに恋をする。

アルチュセールはそんな自分を逆に十字架の聖ヨハネに投影したかに見える。夜と昼、闇と光は、併存させねばならない。どちらかを消去してはならず、両方を行き来しなければならない。ヨハネのように、存在の光、神の目から発せられる光との「一致」をめざしてひたすら暗い夜を突き進むことはせず、アルチュセールは彼の「いま・ここ」で両者を互いに移行させ、この透過性のなかに身を置こうとする。たとえ収容所をヨハネにならって「暗い夜」とみなそうと、彼にとっては「なか」と「そと」の併存の解消をめざして奥へ進むことは間違いである。あくまで「枠のなかにとどまりながら枠外に出る」、それが彼の「受動的な夜」だ。アルチュセールの夜においては、「剝奪」も「脱走」も禁じ手なのである。そこでは「浄化」とその不在までもが併存している。相互に移行し合っている。

福音と真理

リセ時代に数人のカトリック系教員に感化されたとはいえ、アルチュセールが教会の活動に接近するのは、二六歳で復員し、高等師範学校に通いはじめて以降のことである。翌一九四六年にはローマ法王に謁見する学生訪問団に参加したりしている。しかし同じ年の少し前にはエレーヌと出会い、彼女を通して共産主義にも興味を抱くようになる。四八年には共産党に入党している。こうした戦後期のアルチュセールにおいてもっとも興味深いのは、神を見限ってマルクス主義者になったのではない、という点であろう。信仰と無神論のあいだで揺れ動いた形跡はない。それどころか、カトリシズムと共産主義の両方へ同時に傾斜を強めたように見える。

それを端的に示すテキストがある。すでに共産党員となっていた一九四九年に、リヨンを本拠とする「教会青年」という団体の刊行物に寄せた「事実問題」という論考である。団体は戦前に一人のドミニコ会神父によって設立された「共同体」という名のグループに由来し、その主張は今日の目から見れば原理主義的な宗教セクトに近い。彼らは教会と社会の関係から、カトリック系インテリのあいだで主流となりつつあった「ヒューマニズム」を追い払おうとするのである。「良心」に根差す社会活動により信徒獲得をめざす路線を批判し、あくまで「福音」(聖書の教え)と「伝道」の優位を説く。その理論的指導者によれば、「福音と教会にとって重要なことは、キリスト教徒が、ヒューマニズムと文明の結びつきから自由であることである。文明はかつてキリスト教のものであったが、いまや「ブルジョワジー」のものとなっている。(……)世俗の歴史は、神がそれをイエス・キリストによる救済の道具となすよう選ばれた。(……)宗教に政治を従属させねばならない」。

すでに共産党員であったアルチュセールは、教会青年の一員として「私たち」を名のり、こう記す――「私たちはすでに闘争のさなかにある。闘争の必要性を自覚し、世界規模のプロレタリアートに合流しようとするキリスト教徒の数と真価に、教会の未来はかかっている」。なんの闘争か。教会を「ブルジョワジーから解放する」闘争、「福音が私たちの時代の人間に告げられる」ための闘争だ。テキストはつまるところ、教会青年の同志たちに、共産党に合流せよ――「私のように」とは書かないものの――と呼びかけている。この時期のアルチュセールの「路線」は、カトリック教会と共産党を反ヒューマニズム連合として結び合わせることにあった。キリスト教とマルクス主義を併存/併進させねばならない、どちらに傾いてもならない。

そのことは、彼がリセ時代の恩師、ジャン・ラクロワに送った長い手紙(一九五〇―五一)からもうかがえる。ラクロワはそのころ、「キリスト教的ヒューマニズム」を代表する雑誌『エスプリ』の常連寄稿者となっていた。手紙では、「事実問題」における「福音」が哲学概念としての「真理」に変わっている。「真理」の名において、ラクロワと『エスプリ』の「良心」

を退けるのである。同誌は二回にわたって、ハンガリーにおけるライク裁判（一九四九年）を弾劾する特集を組んでいた。戦前のモスクワ裁判と同じように、自由な自白にもとづき帝国主義のスパイが裁かれ処刑されたことを、同誌は「人道」に照らして「犯罪」と呼ぶ。しかしアルチュセールには、ライク・ラースローがスパイであったか、自白が拷問の結果でなかったかは瑣事である。公開された裁判で証拠・証人にもとづき裁かれた、丸。時代の「真理」がプロレタリアートに、したがって共産党にある点をあいまいにして「魂と良心」に訴えるラクロワと『エスプリ』の態度は、偽善であろう。ヒューマニズムは「真理」より「良心」を優先させることで、ブルジョワジーに奉仕する、丸。

ここではアルチュセールは完全にマルクス主義に移行している。「福音」の「ふ」の字も持ち出さない。併存／併進路線は終わったかに見える。けれども「真理」を擁護するために彼が持ち出すのは、マルブランシュである。敬虔なキリスト者たるこの哲学者を援用して、アルチュセールは言う――「人間たちのあいだにはロゴス、真理があり、この真理こそ、人間たちの生活、社会生活、コミュニケーションを作り上げているのであり、それゆえに人間たちは互いに話し合い、見つめ合い、理解し合うことができ、さらには理解し合わないことさえできるのだ」。だからこそ、「良心」ではなく「真理」を！

「ある」と「ない」をつなぐ

「反ヒューマニズム」は戦後期のテキストばかりか、『マルクスのために』と『資本論を読む』にも貫かれている。キリスト教からマルクス主義に宗旨替えしても、「反ヒューマニズム」だけは変わらない。というか、「反ヒューマニズム」が移行を促し、可能にしたと言えるかもしれない。カトリック論壇へのデビュー作「善意のインターナショナル」(一九四六)は実存主義的ヒューマニズムを、『マルクスのために』所収の「マルクス主義とヒューマニズム」(一九六三)は社会主義的ヒューマニズムを、プロレタリアートをあざむく思想と断罪する。宗教ならぬ「人道」が「民衆の阿片」だ。耳に心地よい「善意」や「良心」や「自由」を説きつつ、「福音」、「真理」、「必然」を道徳の問題にすり替える。それどころか、プロレタリアートの歴史的事業、革命と階級独裁を、反道徳的であるかのようにプロレタリアートに思わせる。これこそ現代のイデオロギーでなくてなんであろう――アルチュセールは復員してからマルクス主義哲学者として名を上げるまで、ずっと「理論的反人間主義」者である。

戦後期のフランスにおいて、原理主義的なカトリシズムから共産主義へ移行した人間はアルチュセールだけではなかったろう。彼に近しいところでは、妹のジョルジェットが、兄と歩調を合わせて教会青年から共産党に移っている。神をスターリンに置き換えるかのような思想的転向は、ソ連においてスターリンが神と呼ばれさえした事実の裏返しでしかない。戦時下共産党の伝説がレジスタンス神話にくるまれて共有されていた時代のフランスでは、むしろ一定ありふれた光景であったかもしれない。

とにかく、アルチュセールには一つの線引きができあがっている。片側には、ヒューマニズムによりさしあたり代表されるものがある。ラクロワへの手紙によれば、それは「人格主義」でもあり、「善意」と「良心」と「自由」を「人格」の主体としての個人に帰属させる。幼年期のアルチュセールが、「彼《リュイ》」を想起させる「ルイ」と呼ばれることで、「ない」と実感させられたものだ。私に私の「人格」などない、それが彼に固有の経験の出発点であった。ラクロワへの異論も最終的には、ヒューマニズムが依拠する「人格」は「あいまいで矛盾した」概念である――したがって捨てるべき――という点に帰着する。彼はもはや、それが「ない」ことを嘆いたりしない。むしろ、そんなものはそもそも「ない」と認めよ、と恩師に向かって迫るのである。

他方の側ではしかし、別の「ない」が「ある」の根拠たる地位を獲得している。プロレタリアートの「ない」である。マルクス主義の告げる「真理」――世界はやがてプロレタリアートのものとなるであろう、プロレタリアートが全人類を解放するであろう――は、彼らが現在隷属状態にあるばかりか、「人格主義」によって存在しないも同然の扱いを受けている――存在するのは個人であって階級ではないとされる――ことを根拠とする。こちら側では、個人から階級へ、一種の生まれ変わりが遂行されるのである。かつて闇が光に、収容所の毎日が「日曜日」に転じたように。こちら側が、アルチュセールによって読み替えられた「暗い夜」だ。線を引くとはしたがって、一つの「ある」(個人の)を別の「ない」(階級の)の徴候として読む、あるいはそのようにして「ある」と「ない」をつなぐ操作でもあった。「ある」の下に「ない」が読み込まれ、その「ない」からは別の「ある」が出来する。

三　二股をかける哲学者——壮年期

客観的否定性

この操作を哲学として形式化したのが、アルチュセールの高等研究学位(DES)論文(現在の博士課程一年目に提出)「G・W・F・ヘーゲルの思考における内容について」(一九四七)にほかならない。そこでは、なにかしら実定的な「内容」はすべて、先立つ「空虚」を埋めるようにして生まれるという論理が弁証法に読み込まれる。『大論理学』は「世界のはじまり以前の神の悟性の再現」として「ある」が、「世界のはじまり」以前にはなにも「ない」。ゆえに、「すべて」が『大論理学』を再現するようにして「無」から出てくる。端的な「無」からは端的な「有」である「自然」が、「自然」からは、「自然」が時間の不在であるゆえに「歴史」が、それぞれ「内容」として出来し、先立つ「空虚」を埋める。一九世紀の歴史主義、ロマン主義は一八世紀の啓蒙主義の形式主義的空虚から生まれた……。プロレタリアートの「不在」によって特徴づけられるブルジョワ社会からは、共産主義が生まれるであろう……。もはや「無」は恐れるべきものではない。「無」を恐れるのは「イデオロギー」であり(「真空」の発見が宗教者に引き起こしたパニックが参照される)、「無」は「内容」を規定する積極的なもの、「実体」と捉えられねばならない。

こうしたヘーゲル論に、ヘーゲル論としての正しさや意義がどこまであったかはどうでもよい。アルチュセールも論文の仕上がりを必ずしも誇らしく思っていなかったらしく、メルロ＝ポンティによる出版の勧めを断っている。けれども、彼が自らのヘーゲルを十字架の聖ヨハネと重ね合わせていたことは、すでに触れた「人間、この夜」というテキストに明らかである。

また、このテキストはDES論文がフランスにおける同時代のヘーゲル受容という文脈において際だつ点を教えてくれる。アルチュセールは、コジェーヴのヘーゲル論を「主観主義」として退けるのである。一九三〇年代にパリで行われた彼の『精神現象学』講義は、四七年に『ヘーゲル読解入門』として刊行され、講義に出席していた当時とのちの著名人たち——アンドレ・ブルトン、ジョルジュ・バタイユ、レイモン・アロン、メルロ＝ポンティ、ジャック・ラカン……——が折に触れて言及したため、「フランス現代思想」の源流として次第に伝説となっていく。

DES論文を執筆していたころのアルチュセールは、この講義録をまだ読んでいなかった。執筆を終えた直後の一九四七年夏に、ようやく手に入れたようである。九月に、コジェーヴの評判の本を読んだ、とエレーヌに手紙で語っている。そこでは、自分に「ちんぷんかんぷん」であったヘーゲルの箇所を著者は「よく分かっているように思える」と記しているものの、全体としては「試験に役に立つ」類の本という評価である。

ところが「人間、この夜」になると、まるでDES論文における自分のヘーゲル理解を事後的に反面教師として教えてくれたかのように、コジェーヴを扱う。「たしかにコジェーヴはヘーゲルから一つの人間学を引き出し、ヘーゲル的否定性をその主観的側面に沿って展開してみせるのだが、客観的側面のほうは断固としてこれを無視する」。「主観的側面」が、コジェーヴのヘーゲルを有名にした「承認を求める主人と奴隷の闘争」――およびそれをモデルとする階級闘争史観――を指していることは言うまでもない。自らの死を賭ける勇気をもった主人は、その勇気をもたない奴隷から主人として承認されるが、労働する奴隷は主人の生命を支えることで主人にすでに勝っている。アルチュセールは、客観的に奴隷であるプロレタリアートがそんなことを主観的に確認してどうなる、と言わんばかりだ。彼らは客観的に勝利して世界そのものとならねばならない。労働に縛りつけられ「自然」化され、「客体」化されている彼らは、世界の主体、彼らの主体性が世界そのものである存在にならねばならない。コジェーヴは「無」である「実体」が「すべて」の「主体」になるという側面を分かっていないのだ。この論難は、かつて魅了された聖ヨハネにも向けられる――「幸福な人間は己の夜の勝利、「光になった夜」の勝利を味わっている」――ただ主観的に味わって、幸福になっている。勝利は味わうのではなく実現すべきものであるのに。

増殖する二股

しかし、客観的な否定性とは具体的にどう働くのだろうか。現実的な「無」はいかにして同じく現実的な「有」に変わるのか。アルチュセールが経験的に知っている答えは、脱走せずに脱走する、「枠のなかにとどまりながら枠外に出る」だった。否定と肯定、「無」と「有」を併存させることだった。弁証法的語彙に言い換えれば、積極的に矛盾していること。もっとかんたんな言い方をすれば、二股をかけること。

実際、アルチュセールは以降、二股をかけ続けていく。男女関係においては、エレーヌと結ばれたあとも、彼にとって「情動的関係」とはつねに「エレーヌ」と「私」と「誰か」の三角関係であり、その誰かは主として、一九五〇年代には人妻クレール、六〇年代にも人妻フランカ、といった具合に、女性たちにとっても三角関係を強いるものであった。それどころか、そこにほとんどつねにまたほかの誰かを入れ替わり立ち替わり差しはさむ、というありさまだった。しかし、そんなドンファン生活をアルチュセールが楽しんでいたかというと、実態は正反対である。「誰とでもセックスできなくてはいけない」(一九四五年の夢日記)。三角関係の増殖は彼を苛む「一種の試験」(同)、生涯にわたる強迫観念であるかにさえ見える。エレーヌと五八歳で入籍(一九七六年)してからも、アヴァンチュール癖が収まる気配はない。

政治においても、アルチュセールに対し向けられる批判はつねに結局、彼が二股をかけているというものだった。一九六〇年代、中ソ対立が先鋭化すると、彼はソ連派であったフランス共産党のなかで毛沢東を「理論的に」高く評価する――しかし「実践的」にはソ連が正しいとする。「六八年五月」の学生反乱に対しても、反乱派の学生と、次第に大学内秩序派の傾向を強めていく共産党のどちらにも秋波を送る。七〇年代に入ると、中国派の友人に誘われて訪中計画を立てるものの、強硬なソ連派であったエレーヌの介入により中止し、行き先をソ連の学会に変える。そしてソ連にゴルバチョフ政権が誕生(一九八五年)して社会主義圏の凋落が誰の目にも明らかになってくると、すでにエレーヌ殺害事件の不起訴処分により社会的に「狂人」の烙印を押されていたにもかかわらず、青年期に舞い戻るかのように、ローマとモスクワのトップ会談による世界の救済を夢想する。

党との関係が複雑化するにあたっては、エレーヌの復党問題と友人ジャック・マルタンの自殺が大きな要因となった。アルチュセールが入党した動機の一つは、ナチスのスパイ容疑をかけられ党籍確認を拒まれていたエレーヌの名誉回復を党のなかから図ることだった。しかし党は、それを拒むばかりか、熱心な党活動家となった五〇年代のアルチュセールに、エレーヌと別れるよう圧力をかけ続ける。党の方針よりも「左」に強硬な方針を大衆運動に持ち込もうとするエレーヌに、どこかに操られた破壊分子ではないのかという別の疑いの目を向けて。それがアルチュセールのなかに党への不信を醸成させる。

加えて、DES論文執筆時から彼のドイツ語の師匠となり、同時期に共産党に入党したマルタンの自殺(一九六三年)である。マルタンは統合失調症を患っており、必ずしも党との関係に悩み自死を選んだわけではなかった。それでもその死は、アルチュセールの党認識をほとんど一変させてしまう。『マルクスのために』は「最悪の試練の下で、ただ一人、マルクス哲学への道を開き、私を導いた、わが友ジャック・マルタンの思い出」に捧げられている。「最悪の試練」は精神の病から知識人の党生活へとすり替えられている。「あの時代は、われわれの政治にかんする記憶のなかで、大きなストライキと大衆の示威運動の時代、ストックホルム・アピールと平和運動の時代として残っている。(……)〔しかし〕われわれの哲学にかんする記憶のなかでは、あの時代は、あらゆる隠れ場から過誤を狩り出す武装した知識人の時代、(……)ただ一つの刀、階級という仮借のない切り口で、芸術、文学、哲学、科学など、世界を裁断する哲学者の時代である——その時代は、戯画風に言えば、「ブルジョワ科学、プロレタリア科学」という虚空にひらめく旗印によって一語で要約される」(「今日的時点」一九六五、『マルクスのために』序文)。物言えば唇寒しであった、と回想しているわけだ。友がまるでその重圧に耐えきれず自死したかのように。そのように書く当の本人は、五〇年代には嬉々として「二つの科学」を主導する哲学者ジダーノフを讃えていたというのに(いくつものテキストや講義録で確かめられる)。

この序文により、アルチュセールは党のスターリン的官僚支配に抗う哲学者として一般に認知される。そして、マルクス主義陣営内部では一般に(ソ連内部でさえ)、「社会主義的ヒューマニズム」こそマルクス主義をスターリニズムから救う道と考えられていた時期に、同じ『マルクスのために』のなかに「マルクス主義とヒューマニズム」を収め、スターリンの定式化した「史的唯物論」の原則を擁護する。反スターリニズムと親スターリニズムの二股である。

俯瞰的に眺めれば、私生活から公的態度表明にいたるまで、アルチュセールはいつでもどこでも、あえて綱渡りする道を選んでいる。そうとは見えないよう工夫しつつ、誰にも自分は味方だと思わせる演出に励んでいる。そのようにして、アルチュセールは党からの有形無形の圧力をかわし続けた。

党内論争を招く「理論」

二股をかけるとは、妥協を図る、折衷する、ということだろうか。哲学的語彙では、矛盾を「止揚」する？　アルチュセールにはそんなことはまったくない。

『マルクスのために』と『資本論を読む』の刊行直後に起こった党内論争に彼がどう反応したかを見ればよく分かる。論争は、瞬く間に評判を呼んだ二著に含まれる「理論的反人間主義」が、党の路線に反するか否かを争点とした。あげく、公式に中央委員会にまで持ち込まれた。党は当時、二人の中央委員、ルイ・アラゴン（シュールレアリスム詩人）とロジェ・ガロディの「ヒューマニズム」を看板にしていた。スターリン批判以降、党はモスクワ離れと国内重視の姿勢を強めており、国内で多数を占めるキリスト教徒の支持を得るため「マルクス主義とキリスト教の対話」を前面に掲げていた。アルチュセールの目には、それが「折衷主義」と映っている。マルクス主義とキリスト教を結びつけようとした――「人道」によってではなく「真理」によってだが――自らの過去など、つゆほども思い出さずに。

中央委員会による決議では、当然のことながら、あらためて「マルクス主義ヒューマニズム」に軍配が上げられる。しかし同時に、「理論」を軽視するガロディの「専横的姿勢」にも釘がさされ、彼の目には、それこそが妥協だと映る。「ガロディの誤りに対する批判がアルチュセールと彼の同志たちの誤りに対する批判によって事実上「釣り合う」ようにされた。右に一太刀、左に一太刀」。党は「ガロディの精神主義イデオロギー」と「理論的妥協」を図った。折衷も妥協も、敵のものである。悪しき政治である。

対するアルチュセールの反応は、「理論と理論教育」において党内へゲモニーを握る方向へと大胆に舵を切ること。中身はともかく「理論」重視にお墨付きが与えられたのだ。高等師範学校の学生たちを集めて雑誌を作ろう。それを党の雑誌として公認させ、活動家教育に使わせよう。スローガンはレーニンの「革命理論なくして革命なし」、「マルクス主義理論は真理である、ゆえに全能である」だ。この「理論主義」を、私の二著は「政治実践」を軽視していたという自己批判と同時に推進しよう。

すなわち一方において、ヒューマニズム批判を「修正主義」批判へと深化・激化させる。「修正主義」はソ連を非難する中国派の用語である——ソ連にもはや階級はないだと？　馬鹿な！「社会主義＝プロレタリア独裁」をあいまいにしてレーニン理論を修正するな。他方において、国内労働者に対するフランス共産党の影響力を称揚し、それを「理論に対する実践の優位」と定式化する——最大労組CGT（フランス労働総同盟）のヘゲモニーを握っているのは共産党ではないか、労働運動こそが歴史を動かしてきたではないか、ならば共産党だけが「政治実践」の主体だ。私はそれをあいまいにしてきた……。この二方向に議論を展開し、「理論と実践の統一」を「マルクス主義の歴史的任務」として掲げよう。

モスクワ離れを強めていたとはいえ、中ソ対立の世界的構図のなかではまぎれもないソ連派であったフランス共産党の現状を考えれば、まさに二股であった。それでもアルチュセールはこの任務をテーマとする「教本《マニュアル》」(彼の表現である)を書いて、党による活動家教育に使わせようとする。

スピノザの名による「統一」

この二股に中庸、総合、あるいは落としどころはありえただろうか。雑誌の計画はフランス社会が「六八年五月」の高揚に向かうにつれて、頓挫する。「マニュアル」も完成しなかった。アルチュセール派は分解をはじめ、刊行された『マルクス゠レーニン主義手帖』は党の理論誌どころか、党を割って出ようとする中国派学生の機関誌となってしまった。

そんな渦中である、アルチュセールが「グループ・スピノザ」を立ち上げるのは。「われわれはいくつかのはっきりした手段をもっており、われわれだけがそれをもっている、と見て取れる。この過渡的特権により、われわれだけが空いたvide席を占めることができる、と見て取れる。マルクス゠レーニン主義理論の席である。より特定すれば、マルクス゠レーニン主義哲学の席である」(一九六七年七月)。「空虚vide」が「有」を生み、その「内容」を規定するというDES論文の論理が、二股をかけようとするアルチュセールのもとに、解決策として帰ってくるのである。それも、スピノザの名とともに。

アルチュセールは党を割ることには明確に反対した。かつて収容所を脱走せずに脱走したことを思い出すかのように、党にとどまって党のそとに出よう、と一派に残った同志たちに呼びかける。「理論」の席を占めれば、それだけで難題が解ける！　ただし、「われわれ」は「行方不明者」でなければならない。グループの存在が明るみに出れば、「理論」が空席を占めたことにはならない。分派が登場しただけになってしまう。「理論と実践の統一」において、理論はあくまで理論として純化されねばならず、そこに「主体」がいてはならず、実践の「主体」はあくまで「実践＝労働者の闘い」に指定させねばならない。「われわれ」が「空席」を占める条件は、「われわれ」が「いない」ことだ！　日曜日の朝に高等師範学校の教室に集まるようになった「グループ・スピノザ」は、内部で互いを偽名で呼び合った。

グループにとっては、スピノザの名はたんなる符牒にすぎなかったろう。しかしアルチュセールは、その結成に先立ち、もっとも信頼のおける同志にこんな胸の内を明かしている。「きみに判断してもらいたい共同作業計画の目的は、真の哲学的著作の執筆だ。望みうる広がりと体系性をすべてそなえ、それなりの仕方で、かつ遠くから、われわれの『エチカ』たりうるものを書くこと」。

「理論」と「実践」は、止揚や総合といったヘーゲルの論理で「統一」されてはならず、二股の両項として維持・併存を図られ、スピノザの論理で「統一」されねばならない。前者の「統一」が折衷や妥協にすぎないことははっきりしている。では後者は？　そこにこそ本書の考察はかかわるものの、現時点ではっきりしているのは、アルチュセール自身において「理論」と「実践」をつないでいるのは、「われわれ」の「行方不明」、すなわち一種の「空虚」だということだけである。新『エチカ』の共著者たる「われわれ」と準政治集団「グループ・スピノザ」の「われわれ」が重なるのかどうかさえ、彼には見えていない。ただ彼は、得意の二股を「理論と実践」の関係問題として整理・定式化し、かつグループの名にスピノザを冠したとき、思い出していたはずである——「身体がなにをなしうるのか、今日まで明らかにした者はいない」(『エチカ』Ⅲ部定理二注解)。実践とはなにか、なにをなしうるか、理論は知らない。

「科学者のための哲学講義」と「レーニンと哲学」

とにかく、新しい理論誌の構想は挫折した(その名も『理論』という誌名が予定されていた)。しかしすでに、二著の成功がアルチュセールを時の人にしていた。一九六七年に行われた彼の「科学者のための哲学講義」は、名目は高等師範学校生向けの授業であったにもかかわらず、教室を溢れる聴衆を集め一種の社会的事件になる。

五回の講義はすぐにガリ版印刷の講義録として出回った。四回目の講義ではノーベル賞学者であったジャック・モノーを正面切って批判したため、左翼メディアのニュースとなった。同じ授業の枠組みでアルチュセールに続いて彼の弟子たちが登壇したことは、『資本論を読む』が共著であった点と合わせ、高等師範学校には「アルチュセリアン」なる使徒たちがいる、と世間に強く印象づけた。

一連の講義は「六八年五月」の直前まで続けられ、「グループ・スピノザ」の匿名性と著しい対照をなして一派の存在を主張していた。この双極性もまた、アルチュセールが望み、仕掛けた併進路線であったろう。

一九六八年二月には、彼はフランス哲学会に招かれる。招待講演である。その会員資格がフランスにおいて哲学者のパスポートであるような組織の総会で、アルチュセールは「レーニンと哲学」について語る。「レーニンがソルボンヌ大学に登場した」、と弟子の一人は回想している。三カ月後に数千人の学生たちが蜂起の旗を掲げてそこに乱入する前ぶれであったかのように、と。

壇上のアルチュセールはいかにも闘う哲学者然と、哲学とは「理論における政治実践」であると宣言する。しかし同時に、哲学とは「取られた距離の空虚」であるとも語る。二股をかける二つのなにかの隙間に自分が消えること、そこに自分の存在を秘匿することをもって「実践」となすと言わんばかりに。

「科学者のための哲学講義」では、彼は哲学を「分割線を引く」行為と定義していた。唯物論的傾向と観念論的傾向の「分割線」であるのだが、そのものには実体のない「線」を持ち出すテーゼスタイルの定義の裏からは、哲学には折衷も総合もないという声が響く。哲学は「線」という「無」のなかに姿を消さねばならない。ソルボンヌの講演でもアルチュセールは断定する。「マルクス主義は新しい哲学ではない」。

四　危機の炸裂——一九七〇年代以降

鬱への転落

ＤＥＳ論文によれば、「無」は「内容」を生む実体であった。では、一九六七—六八年にアルチュセールが演出しようとした「無」はなにを生んだだろうか。経験の領域では、鬱への転落であった。六八年五月に学生街にバリケードが築かれると、彼は夏休みが終わるまで郊外の小さな病院に入院してしまう。実は二著の刊行直後の冬休みにも、彼は同じところに入院していた。二股併進路線を表舞台で突き進む緊張に、アルチュセールの神経は耐えられない。鬱への転落は、中庸も総合もない綱渡りを彼が演じていた、と問わず語りに明かしてくれる。

アルチュセールの双極性は文字通りの病でもあった。鬱による最初の入院はおそらく捕虜時代に遡る。数カ月間、収容所内の診療施設にいたようだ。復員後まもないころにも、さらにエレーヌと肉体関係を結び童貞を喪失した直後にも、深刻な鬱におちいり入院している。精神分析家のもとに通うことは、やがて彼の日常生活の一部となった。躁状態のときには信じがたい密度で読書と執筆に没頭する。何度も原稿を書き直しては捨てているうちに、突然なにもできなくなって入院し、睡眠療法を受ける。この繰り返しが彼の生きるリズムであった。入院の事実は学校にも学生たちにも、六〇年代半ばに隠し通せなくなるまで慎重に秘匿された。童貞喪失直後はパニック発作をともなっていたせいもあってか、早発性痴呆（いまで言う統合失調症）と診断されている。医者を変え、病名は躁鬱病に変わった。

断　片

一九七〇年代のアルチュセールは、六九年に雑誌に発表された論文「イデオロギーと国家のイデオロギー装置」（以下、イデオロギー論文）に象徴されるだろう。「代表」的論文であるよりも、「象徴的」なテキスト。それはまず、厳密には論文ではない。準備されていた単行本（『再生産について』というタイトルで死後出版された）の草稿からの抜粋だ。それも断片の抜粋である。出だしからしておかしい。直訳すると「われわれはいまや出現させねばならない」。前がある書き方である。雑誌の編集部に送った原稿では、抜粋であることを示す点線がテキストの冒頭に置かれていた。しかし編集部がそれを削除してしまう。アルチュセールにはそれが気に入らなかったらしく、自分の論文集『立場』(一九七六)に再録するにさいして、点線を復活させている。点線はそれ以外に本文中に三カ所あり、最後も点線で終わっている。つまりこの「論文」は、四つの断片からなりたっているのである。

アルチュセールがそれまで書いてきたものは断片からはほど遠い。明快でそれ自体として完結した「作品」しか、彼は発表してこなかった。「きっぱりしている tranchant」、それが彼の書くものについての第一の評判だった。ところがこの「論文」については、彼は断片であることにこだわっている。ところがこの「論文」は、一九六五年の二著に続くルイ・アルチュセールの「代表作」へと、時を経るにつれてなっていく。それが断片であったことなど忘れられ、あるいは無視されて。もちろん、その断片には「イデオロギー」についての「きっぱりした」「理論」が含まれており、その「理論」は今日でもさまざまな分野で参照・利用されている。

この落差が、一九七〇年代のアルチュセールを特徴づける。一方では、発表される著作は短いものばかり。期待された哲学の大著はいっこうに現れず、理論的・政治的状況への「きっぱりした」――要点だけを記したかのような――介入文書がときおり刊行されるだけ。それでも彼の発言は、注目に応える論点と態度表明を含み、その都度周囲をざわつかせた。

他方、捨てられる草稿の量はどんどん増えていく。「ヒューマニズム」と「修正主義」を合わせて一刀両断にする『ジョン・ルイスへの回答』(一九七三)と、自己批判の背景を「理論」的に説明する『自己批判の基礎』(一九七四)は、ほんとうは「帝国主義情勢下における哲学の存在可能性」を論じる大著のパーツに収まるはずだった。七六―七七年の哲学入門書草稿はすべて破棄された(三冊分、そのうち二冊が死後出版された)。

七〇年代のアルチュセールは明らかに、「理論」的テキストの生産性を前の一〇年に比べて落としている。高まる名声と見えない仕事の量の両方に反比例して。病は確実に進んでいる。大プロジェクトからの裁ち屑《たくず》しか発表できないくらいに。それが言い過ぎなら、私の発表しているのは断片だ、この論理には穴がある、と著者自身がほのめかさずにいられない程度に(繰り返せば、点線の復活は七六年である)。

「プロレタリア独裁」放棄への反対

公人ルイ・アルチュセールの生活は、状況への二つの介入をもって終わりを告げた。それらはいずれも「危機」に関連している。一九七六年のフランス共産党による「プロレタリア独裁」の放棄に反対するキャンペーンと、八〇年のラカン派解散総会への闖入である。

「プロレタリア独裁」の「理論」を捨てることは、アルチュセールには「マルクス主義の危機」にほかならなかった。とはいえ、それを捨てることが陣営に危機を招くと見ていたのでは必ずしもない。彼の「危機」概念は一種独特のものだ。

状況認識としては、「労働者と人民の運動」は「かつてなく強大」であり「帝国主義勢力」に勝とうとしている――彼の認識でもあれば党の認識でもある。そのころフランス国内では、共産党と社会党の「左翼連合」が政権を狙う勢いを見せており、共産党は社会党との連携を強化するイニシアティブを握るために、「響きが悪く」「時代遅れ」の「独裁」概念を捨てる決断をした。しかし国際的に見れば、まさにその概念をめぐって「各国共産党はてんでんばらばらに各自の道を語っている」。ソ連ばかりか、ユーロコミュニズムまで空中分解の様相を呈している。つまり敵と味方の双方が相手に負けかかっている、そういう形で彼我の関係が終わろうとしている、それが「危機」の正体であり、その「逆説的表現」が「プロ独放棄」による「連合」の強化だというのである。

「危機」とはアルチュセールにとり、敵対関係そのものの消滅の「危機」にほかならない。それが消滅すれば、マルクス主義も党も、つまり彼の「理論」も「実践」も、存在する意義を失うだろう――「枠のなかにとどまりながら枠外に出る」ことに腐心してきたというのに、枠がなくなってしまう！　自らの存在を賭けるかのような切迫感を、反対キャンペーンに関連するアルチュセールの諸テキストは湛えている。公開の席でも彼は言い放った。概念を「捨てる」？　犬ではあるまいし、これではガリレオ裁判ではないか！

しかし、彼は同時に自問をはじめる。現に捨てうるということは、最初から間違っていたということではないか？　マルクスには決定的ななにかが欠けていたのではないか？——一九七八年、彼は「マルクスの絶対的限界」を語る一歩を踏み出した。

「精霊に呼び出されました」

一九八〇年三月、アルチュセールはラカン派解散総会に文字通り押しかける。「招集されている方ですか」——「ええ、父なる神ではありませんが、精霊に呼び出されました」。

ラカンは彼がかつて窮地から救った精神分析家である。国際精神分析協会（IPA）を除名され、セミナーを開く場所を失ったラカンに、アルチュセールは高等師範学校の教室を提供した（一九六四年）。「アルチュセリアン」は以来こぞってラカン派「カルテル」（精神分析の理論と実践を学ぶユニット）を結成し、それを契機に彼らのうち何人かはラカン派精神分析家となった。ラカンの後継者ジャック・アラン・ミレールはアルチュセールのかつての弟子である。それでもアルチュセール自身は、ラカンのIPA除名に賛成した人間を自分の分析家に選び、ラカンともラカン派とも距離を保ち続けていた。

その彼が、解散という学派の「危機」に感応して参加資格のない総会に勝手に駆けつけたのである。誰の目にも、彼は躁状態にあったという。帰宅した彼は一気に公開書簡を書き上げる。

しかしミレールの忠告により、公表を差し控える。彼の言いたかったことは、解散原因となった分析家の育成をめぐる学派内論争はおろか精神分析そのものともあまり関係がない。ラカンと学派がいまやっているのは、政治だ！「マルクス主義の危機」のさなかにあったアルチュセールは、自らの精神の「危機」に導かれて、精神分析の「危機」に政治を見る。「危機」への介入が、哲学者の、それ自体「危機」的に行われた最後の政治となった。

ローマでテレビ番組のインタビューに答えるアルチュセール

おそらくその約一カ月後、つまり秋のエレーヌ殺害事件のおよそ半年前、最後の夫婦での海外旅行となったギリシャとイタリアへの旅の道すがら、アルチュセールはローマでテレビ番組のインタビューに答えている。彼がテレビカメラの前に座るのははじめてのことだった。フランカとの交際で覚えたイタリア語を喋っている。私は共産党員ですが、もともとキリスト教徒ですし、いまでもカトリック、つまり普遍主義者です。私は普遍的「兄弟愛 fraternité」を信奉しています。番組は放映されなかった。

未来は長く続く

過程に主体はいないし目的もない、とアルチュセールは語った。イデオロギー論文のころである。彼の生涯を一つの過程とみなして振り返ってみれば、そこに主体がいないことはなるほどとうなずける。彼は「行方不明者」として生まれ育ち、それを受け入れ、そうなろうとした。自由であるとは、どこにいてもそこにおらず、捕捉されないこと。哲学者はそう考えるようになった。彼の哲学は主体の不在を肯定することに費やされている。

では目的のほうは？　「行方不明」であろうとする無理が積み重なり、追い詰められ、心神耗弱《こうじゃく》下での殺人として爆発してしまった――これは、ほんとうだろう。けれども、二股人生にビルトインされた目的としての免訴処分――被告ルイ・アルチュセールは処罰可能な主体として事件現場にいなかった、みごと逃げおおせた！――これは嘘だろう。免訴 non-lieu（直訳すれば「（法のなかに）場所がない」）により、彼は責任能力のない人という身分から逃げられなくなってしまった。社会はみごと彼を摑まえ、特別な「場所」を与えたのである。なかったのは「過程 procès」（「訴訟」の意味がある）のほうである。

それでも生の過程はたしかに続いた。彼が死んでも著作の刊行は続き、過程は終わらない。彼の未来は長く続いている。

第二章◆偶然性唯物論とスピノザ
——問題の「凝固」

一　偶然性唯物論——晩年の思想？

思想が像（イメージ）として差し出される

アルチュセールには、晩年の、という冠がいつも被せられる思想がある。偶然性唯物論あるいは出会いの唯物論と彼自身により名づけられた思想である。それが哲学ではなく思想と今日呼び慣わされるのは、そこに、体系的に書かれ哲学として自己主張する「哲学」を否定する考えが含まれているためである。晩年の、という限定には、たんに実際に晩年と言うべき一九八〇年代に綴られたという意味のみならず、それまでの自分を完全に否定するかのような内容とスタイルをもっている、という含みもある。

免訴になったはいいがいつまた措置入院の憂き目に会うかもしれない状態で、発表のあてもなく、自分をそんな状態にまで導いてきた「哲学」に一矢報いようとする最後の「思想」。体系的哲学の代表としてマルクス主義を否定すると同時に、「偶然」の名により妻殺しまで思想的に説明・弁明しようとする一群の言葉。その偶然性唯物論——本書ではこの呼称を用いよう——を展開した一九八二年の未完テキスト「出会いの唯物論の地下水脈」は、こんなふうにはじまっている。

　雨が降っている。
　願わくば、この書がまずは単純な雨についての書とならんことを。

　テキストはしばしば修辞的であり、ニーチェほどでなくとも断片的である。同時期には、偶然性唯物論者を「アメリカの西部劇」の登場人物に喩える文字通りの断章もある――「彼はいつも、走っている列車に飛び乗る。まるでアメリカの西部劇。どこから来たのか(起源)、どこへ行くのか(目的)、おかまいなし。列車を降りるのも途中。ちっぽけな駅、まわりは片田舎の小さな村」。偶然性唯物論ではカテゴリーや概念は、定義されるのではなく、イメージとして差し出される。それが「雨」であり「列車」であり、「家畜の群れ」である。
　とはいえ、偶然性唯物論に文学作品ならぬ思想としての実質を与えるべく呼び出される登場人物は、哲学者たちである。エピクロスやデモクリトスといった古代の唯物論者、もちろんスピノザ、そしてアルチュセールには哲学者中の哲学者であり続けたマキァヴェッリ、さらにホッブズ、ルソー……。彼らが、偶然性唯物論の描く「世界」と「歴史」に概念規定ならぬイメージを与える。それをさらに思い切ってイメージ化しても、込められた思想を裏切ることにはならないだろう。

空虚のなかを原子の雨が落下している。原子どうしのあいだには、どんな関係も交流もなく、彼らはただ静かに並行して落ちている。あるとき突然、なんの前ぶれもなく、一つの原子がほんの少し軌道から逸れる。そして隣の原子と衝突する。二つの原子が出会う。すると玉突きの要領で次々に同じような衝突が発生し、世界が動きはじめる。歴史という特別な時間が、永遠の宇宙のなかに登場する。出会いのなかには、持続して、複数の原子からなる新しい個体を作るものもある。それらはよい出会いだったろう。少なくとも、なにかが生まれたのだから。しかし持続せず、原子たちがすぐに互いから遠ざかってしまう衝突もあれば、衝突の結果、すでに成立していた個体が解体されてしまう場合もあるだろう。悪い出会いである。原子たちは互いに反発し、出会う以前の状態に戻ったのであるから。いずれにしても、世界史は偶然の出会いの連続生起からなりたち、そこに必然性はない……。

アルチュセール晩年の思想とは、煎じ詰めればこれだけのことだ。それは、「これだけのこと」と言える要約を許すものでもなければならなかったはずである。彼は哲学とはテーゼ――

独断的・断言的命題――を立てるものだという考えを、一九六七年からずっと表明し続けてきた。晩年になっても、その考えは否定されるどころか再三主張されている。晩年のアルチュセールは、マルクスの「フォイエルバッハ・テーゼ」を範とするテーゼの代わりに、あるいはそんなテーゼとして、世界(史)像を立て、哲学として生産されえない「哲学」を語ろうとするのである。テーゼが概念体系を紡ぎ出すように、この像は概念群を映像化して一編の映画のような「哲学」を読者に見せる。

晩年のアルチュセールには八二年の未完テキストのみならず、一連の「短編映画」が多くあり、それらの集大成として自伝『未来は長く続く』が書かれたと言っても過言ではない。

スピノザは偶然と空虚を否定する

本章では、偶然性唯物論が晩年の思想ではなく、少なくとも一九六〇年代以降のアルチュセールにずっとあったこと、そしてそれは一種のスピノザ論であったことを、文献資料的に確認しておきたい。それ以降の著作を実際にスピノザ論として読み進める前に、試みがたんなる妄想でないことを示しておきたい。

しかしまず、こんな世界(史)像にまとめられるスピノザ哲学そのものが、異例である点こそ強調されてしかるべきだろう。偶然性唯物論をスピノザ的とみなすことにはたしかに無理がある。

なにより、スピノザの宇宙には偶然が作用する余地はない——「自然のなかにはなに一つ偶然的なものは存在しない、いっさいは神の本性の必然性から一定の仕方で存在や作用へと決定されている」(『エチカ』I部定理二九)。スピノザはそもそも、同時代の哲学者や神学者の多くにならって、空虚の存在を否定していた(同定理一五注解)。スピノザを含む彼らにとって、空虚とは神の決定力の及ばない場所を意味していた。神の全能性を否定することなく、そんな場所の存在を認めることができるのか？　自然の全体を神という唯一の実体と等置する作業(I部「神について」)から体系を組み立てはじめるスピノザにとって、自然のなかに偶然が存在せず、あるとしても人間の無知を示しているにすぎない、ということはほとんど前提のようなものである。

さらに、「並行」はたしかにスピノザに由来する観念であるものの、スピノザにおいて並行するのは、神の本質を構成する属性である。原子のような個物／個体——それぞれ特異で、分割すると本性が変わってしまうもの——ではない。

それでもなお、偶然性唯物論はスピノザの実体についての解釈である、とアルチュセールは主張する。「スピノザの実体は空虚である」(「出会いの唯物論の地下水脈」)。空虚のなかを並行に落下する原子の雨を、アルチュセールがスピノザの実体の映像化として提示していることは疑いない。どうしてそんな主張ができるのか。実体が空虚であるなど、自然を神の活動で充満させる「神即自然」の立場からすればとんでもなく反スピノザ的な言辞であるかもしれない。それでもこれはスピノザ解釈である、と主張できるのはどうしてか。本書の試みの通奏低音をなす問いである。

「空虚」の力が変わる

偶然性唯物論を青年期のアルチュセールと比べてみると、一つの大きな変化が見て取れる。空虚の位置ないし力能だ。

第一章で見たように、十字架の聖ヨハネとヘーゲルにアルチュセールが認めた「無」すなわち「空虚」は、看過しえない差異が二人の先人のあいだに置かれているとはいえ、ともにそれ自体が原因になることのできる資格をもっていた。差異は、「無」が「私」の不在という主観的なものか、それ自体で客観的に世界の存在原因であるかどうかにかかわっていた。いずれにしても「空虚」は、そこを埋めるものを呼び込む原因の位置にあり、埋めるものを「生む」力をもっていた。そして、十字架の聖ヨハネ(宗教)からヘーゲル(哲学)への鞍替えには、原因になる空虚の力能の増大がともなっていた。アルチュセール的ヘーゲルにおいては、空虚があればそれだけで自動的に、すなわち主体の信仰や修養がなくとも、「存在するなにか」が生起するのである。そのかぎりではこのヘーゲル的空虚のほうが、偶然性唯物論のそれよりよほどスピノザ的実体に近い。
偶然性唯物論の空虚はもはやなにかを生む力もない。それはただ、なにかが起き、生まれることを待っているだけだ。変化の存在は疑うべくもない。アルチュセールが一九六〇年代以降ずっと偶然性唯物論者であったとすれば、そしてこの唯物論が彼の目に映るスピノザ哲学であり続けたとすれば、変化にはスピノザとの出会いがなにかしら関与し、彼との出会いの特殊なあり方が特異な「実体＝空虚」論に結びついた、と予想できるだろう。

二　構造とはなにか

構造的因果性は「発生」を問題にする

一九六六年、アルチュセールはこんなメモを残している。

一・　出会いないし連結（＝発生）の理論
（エピクロス、クリナメン（＝落下軌道からの原子の偏倚《へんい》）、クルノを参照）
偏倚（偏倚の理論。エピクロスを参照）

偶然など。

沈殿、凝固

マルクスを参照(哲学全集第一巻、二一四頁)

二．　状況(＝構造)の理論

われわれはなぜ構造主義者ではないか。

内面性(無意識)なし

プラトン的形相なし

両者の総合なし

　哲学は状況(＝連結)の一般理論である。

『資本論を読む』が、レヴィ＝ストロースやロラン・バルトの構造主義に連なる著作として成功を収めていたころである。構造主義者は当時一般的に、人類学や言語学といった対象領域の種別性を越える共同戦線を張っていると見られていた。人間の自由で主体的な決断と実践にあらゆる人間的事象を決定させるサルトル流実存主義ヒューマニズムに対抗して、である。彼らは実際、それぞれの考察対象(未開社会、文学作品、等々)に埋まっている特有の関係「構造」が、自由に見える主体の振舞いを背後から決定していると語っていた。まさに歩調を合わせて、人間を「決定の主体」たる地位から引きずり下ろそうとしていた。マルクスの「生産様式／生産関係」を「構造」と言い換えてサルトルの「主体的実践」に対置した『資本論を読む』のアルチュセールは、間違いなくそんな共同戦線の一翼を担っていた。しかし、「構造」概念によって彼がなにを最終的に問題にしたかったかは、このメモからよく分かる。「発生」である。

構造主義は、構造と要素それぞれの「あり方」にかんする同時的決定を主張の核に据える。決定は、どちらがどちらを「生む」という意味における決定ではないのである。構造は諸要素の「意味」や「振舞い」を決定し、同時に、それらの「意味」や「振舞い」の動態により、構造として「ある」よう決定されている。つまり、構造主義は人間から全能の決定力を奪ったものの、構造の要素＝担い手に還元された人間は、決定を実現するという意味での決定力はもっていた。その点では「主体」の廃位は不完全であり、存在の抹消ではなかった。構造による決定と要素（担い手）による決定の実現は、あくまで同等な、しかも実体的に区別されない二つの「原因―結果」系列をなすのである。

アルチュセールが『資本論を読む』でスピノザから借用した「内在的因果性」――結果に対する原因の内在――の概念で特徴づけたのも、「あり方」をめぐる決定のそうした双方向性、同時性、実体的「一」性であるとひとまず言っていい。構造も要素も、「あり方」は一挙に決まる、それが構造主義の決定論だ。「決めるもの」はどこにもない、それが正確な意味における構造主義的反主体主義である。

この決定論は「発生」問題を棚上げにせざるをえない。「前」と「後」という関係を排除するのだから。それに対し、メモが示唆するところでは、アルチュセールは「発生」という意味での決定もまた、『資本論を読む』で提出した「構造的因果性」の概念に込めたかったらしい。その点はメモと同時期の数々のテキストでも強調されている(たとえば「ルネ・ディアトキンへの手紙」一九六六、『精神分析論集』所収)。因果性はつまり存在原因にもかかわるのでなければならなかった。「意味」や「振舞い」が「どのよう」であるかだけではなく、そのように意味し振る舞う「もの」——構造であれ要素であれ——が「ある」原因にも。スピノザ的に言い換えれば、構造的因果性を語るアルチュセールは実体の変様である様態について、「本質」と「存在」を区別していたのである。構造主義は「本質」についてしか語らない、だから「われわれは構造主義者ではない」。「存在」や「発生」を、ならばどう説明できたかはともかく、「われわれ」は構造主義者とは異なることもまた問題にしようとした。

その点を読み取ってもらえずに著作が成功を収めたことに、アルチュセールは苛立っている。無理解の責任が、紛らわしく「構造」を口にした自分にあると知っているから、自己批判という名の軌道修正を図る必要を感じはじめる。メモが記された文脈である。その修正の要をなす論点を、メモは偶然性唯物論の語彙で語っているのである。構造的関係の形式(「あり方」である)にだけ注目する構造主義——同時期の別のテキストでは「形式主義」と呼ばれる——との差異を、「クリナメン」、「出会い」、「偶然」、原因の結果として「発生」する諸存在の「沈殿と凝固」といった、八二年のテキスト「出会いの唯物論の地下水脈」に現れる語彙と論理により際だたせようとする。

「状況 conjoncture」は経済や政治の現状という意味で用いられるきわめて汎用性の高い語である。『マルクスのために』ではロシア革命時の帝国主義の「情勢」という意味で用いられている。しかしここでは、「偶然」を含意する「めぐり合わせ」という原義が前面に押し出され、それにより、諸要素の「連結 conjonction」についても「めぐり合い=出会い」というニュアンスが強調されている。「連結」はもはや構造主義がもっぱらそれを問題にした要素間の「分節のあり方」としての構造ではなく、「発生」の契機だ。

アルチュセール、未来の宿敵アロンから「偶然」を学ぶ

思想史的に見たとき、メモに「クルノ」という名前が登場することは別の意味で興味深い。この人物は一九八二年のテキストで「誤解された偉大な人物」として参照を求められているほか、他の晩年のテキストにもエピクロスと並ぶ偶然性唯物論の先駆者として登場する。六六年

のある講演では、「唯物論的な合理主義経験論」の系譜に連なる人として名前を挙げられている。六八年の「レーニンと哲学」でも、「フランス哲学の宗教的・反動的な唯心論」の伝統が「完全に忘れ去った」人として肯定的に言及されている。アルチュセールが六〇年代からずっと偶然性唯物論者であったことを示す指標の一つであるだろう。

しかし興味深いのはその点ではない。アルチュセールはクルノをつねにまるで哲学者のように扱っている。しかし、どういう人物か察しのつく人はほぼいないだろう。オーギュスタン・クルノとは、経済学の歴史に、数理経済学の祖レオン・ワルラスの父親に経済学と数学の両方を教え、さらに息子ワルラスを経済学の道に進ませた人として登場する一九世紀のマイナーな学者である。哲学史を学ぶ学生が名前を知る人物ではない。そんな人物の著作や論文をアルチュセールは読んでいたのだろうか。いつ誰が彼にクルノの名前を教えたのだろうか。

アルチュセールの蔵書には一九七五年刊の『クルノ全集』全三巻が含まれており、一九二二年と三四年に出版された二冊の著書も彼は所蔵していた。しかし、そのどれにも読まれた形跡はない。偶然性唯物論の系譜を話題にする文脈にクルノの名前が唐突に現れる理由を教えてくれるのは、蔵書中の別の本だ。レイモン・アロンの博士論文『歴史哲学入門』（一九三八）である。アルチュセールは一九五三年に、ある学者との論争にそなえるため同書を丹念に読み、七三枚に及ぶノートを作成している。そのなかの一枚に、クルノの教説を要約するアロンの言葉がそのまま引用されているのである。「あらゆる歴史的継起が歴史的であるわけではない。継起が法則によって説明されつくすことは、なおありえない。歴史的事実は本質的に秩序に還元されえない。偶然が歴史の根本だ」(強調アロン)。たしかに偶然性唯物論ではないだろうか。

ノートに引用されてはいないものの、アロンの本には、この一節に続けてこう記されている。「クルノが提起する偶然の定義はよく知られている。独立した二つの系列――システムと偶発事――の出会いである。(……)かくしてわれわれは歴史の二つ目の概念に到達する。偶発事、偶然、出会いと呼ばれるべき出来事である。存在するというより生み出される出来事、理性を完全に逃れる出来事である」(同)。「系列」を「雨」と具象化すれば、そのまま偶然性唯物論のテキストになりそうだ。理性＝理由の欠如した「発生」まではっきり問題にされている。偶然性唯物論の源泉の一つは間違いなく、アロン経由のクルノであったろう。

「偶然」は「理性の狡知」ではない

だとすればしかし、アロンの親米リベラリズム・反マルクス主義との関係はどうなる？　一九六六年のアルチュセールはまだ、アロンがやがて自分の宿敵になるとは知らない。『マルクスのために』と『資本論を読む』の「構造主義的マルクス主義」を、アロンが「空想的マルクス主義」(一九六九年の論文タイトル)――そんなマルクス主義はマルクスに存在しないという意味である——と呼んで切って捨てることを。それでもアロンは共産党員アルチュセールにとってすでに、ヒューマニストのサルトルよりも始末の悪い反共右翼の「ジャーナリスト」であり（『アルチュセール伝』）、そのアロンと彼が、偶然性唯物論に結実する「よい出会い」を果たしている？

アロンの『歴史哲学入門』はしかし、偶然性唯物論がアルチュセールにとってリベラリズムの亜種ではありえないことも同時に教えてくれる。アロンはクルノを、結局のところ「秩序」と「偶然」の関係について「伝統的で凡庸な観念を定式化するに甘んじた」と評している。一つ一つは偶然に生起する出来事の継起を通じて「理性」が「秩序」を敷くと説く「理性の狡知」論である。

アルチュセールは「矛盾と重層的決定」（一九六二、『マルクスのために』所収）において、「偶然の無限の群れ」の背後に「理性の狡知」を発見する「偶然－必然」観をヘーゲルに帰して退けている。そもそも、近世歴史哲学を未来の博士論文のテーマと定めていた彼にとり、「理性の狡知」がヘーゲル以前から存在した歴史観であることは周知の事実であった（一九五〇年代の「歴史哲学講義」）。六〇年代前半には、この歴史観に屈服すれば、共産主義社会が、「神の見えざる手」の働くところとしてのアダム・スミス的市場と変わらないことになってしまう、と述べる講演テキスト（未刊行）も書いている。「理性の狡知」は市場への信に帰着するリベラリズムと市場からの解放を説くマルクス主義を無差異にする、と。

アロンによるクルノが偶然性唯物論の源泉の一つである点に疑いはなくとも、アロンを読んだ一九五三年からしばらくのあいだのアルチュセールには、クルノは結局のところ「理性の狡知」論に、したがってまたリベラリズムに吸収される人物であったはずだ。アロンが彼にクルノの「凡庸」さを含むなにかを教えたにせよ、アロンは彼にとり、自分への批判者として現れる前から「われわれの敵」(「コルニュ宛書簡」一九六二)であり、現れてからは「経済学イデオローグの末裔」(「資本論をいかに読むか」一九六九)であった。そんな人間のもとからクルノをいわば救い出すには、なにかが必要であったろう。それは同時に、「偶然」概念をヘーゲルとリベラリズムから引き離すものでなければならないだろう。アルチュセール自身の一種の転換のあとに、クルノは先駆者の地位に引き上げられたはずである。

「構造」はヘーゲルに捉まえられない

たしかに、アルチュセールにおいて「空虚」と「偶然」がある時期にヘーゲルから解放されていく。その痕跡は彼の「構造」概念にはっきり読み取れるだろう。

「構造」はすでに見たその「決定」のされ方によってのみならず、ヘーゲル的「全体」との差異によっても定義されるのである。一九六二年の「矛盾と重層的決定」では、ヘーゲルの言う「矛盾」が、実は彼の「全体」内部に存在しないとみなされる。アルチュセールの見立てによれば、「理性の狡知」なる観念は、空虚と充満、偶然と必然、その他あらゆる対立項に、一つの単純な「精神的全体」(理性そのもの)の過渡的「表現」という資格を与えている。つまり彼の見るところ、対立の裏側ではそれぞれの表現が、互いに矛盾していても一つの同じ全体＝多面体の「面」として、そのように表現する全体を「構成」している。矛盾とその止揚は、「面」に自らを表現しつつ「面」の数を増やして球体に近づいていく「精神」の活動に吸収・解消されるのである。そんな活動としての「精神」には、矛盾は、したがって止揚も、最終的にありえない。

それに対し内部が「重層的に決定」されている「複合的全体」としての「構造」は、「層」と「層」(経済、政治、イデオロギー、等々)のあいだやそれらの関係に、空虚と偶然を抱えたままだ。空虚と偶然が刻む亀裂を内部に抱えていることが、重層性と複合性の、したがって「構造」が「構造」であることの証である。言い換えれば、解消されない複数の矛盾の共存と関係が「構造」の正体である。

一九六三年の「唯物弁証法について」(『マルクスのために』所収)では、その点がいっそう強調されるとともに、「構造」は人間の認識にとっても空虚と偶然の向こう側に置かれる。「構造」を認識できるかどうかはいわば結果の出ない賭けの部類に属し、断層を跨ぐつもりで認識しようとしてもその認識は得られないとされる。精神の活動――意識する／認識する――が、「複合的全体」の一つの層として、他のすべての層から、したがって全体からも、本性的に切り離されたからである。ヘーゲルの「精神的全体」から離れることで、「構造」は意識の経験としての認識からも切断されたのである。意識化されるかぎりでの経験は、「複合的全体」中の一つの「層」に、その「層」として閉じ込められ、全体である「構造」は経験には捉えられない存在になる。

「構造」はスピノザに「認識」される

断層を跨ぐ精神の活動としての認識、それ自体が「精神的全体」の一つの「表現」である認識に代わって持ち出されるのが、任意の「真なる認識」から出発して第一種から第三種の認識へと、あくまで認識の内部で「深化」していくスピノザの非経験的な「認識生産」だ。意識の彼方にとどまること、その意味において知りえないことと、「認識する」、その意味において「知る」こととが、スピノザの名のもとで両立させられるのである。そこに「止揚」がないこと、理論的空虚があることの証人としてスピノザは登場する。

ただしこの証人は、「知る」をめぐる「止揚」の不在について、したがってそれをもたらしている「全体」について、まだ謎解きをしない――知りえないと知ってなお認識するとは？

そして『資本論を読む』において、いよいよ「構造」がスピノザ的な「全体」として再定義され、それを「知る」――「構造」について認識を「生産する」――とはどういうことか、ヘーゲル的な「精神」が「知る」こととどう違うのかも、スピノザにおける「知る」方法を参照しつつ明らかにされる(次章参照)。

つまり、一九六〇年代前半に刊行されたテキストでは、ヘーゲルからスピノザへの、マルクス主義哲学を支える哲学者の交代劇がゆっくりと、しかし確実に進行している。それまでを振り返れば、博士論文構想に近いと思われる一九五五―五六年の「歴史哲学講義」には、スピノザの名前は一度も登場しない。単行本処女作『モンテスキュー――政治と歴史』(一九五九)ではモンテスキュー登場の前史をなす論者として、ホッブズやグロチウスと並べて言及されているにすぎない。つまりモンテスキューがマルクスに先駆けて「歴史の大陸」を開く以前の哲学者という扱いであり、ホッブズと「同じ言語で語る」と評定されている。

スピノザがアルチュセールの関心を特に引く存在となるのはやはり六〇年代前半であり、しかし刊行されたテキストで前景化するスピノザはまだ、「空虚」と「偶然」の特異な実体論をともなうスピノザではなく、著作を額面どおりに典拠とすべき哲学者である――〈スピノザはこう言っている、ゆえに……〉。つまり、独自の論の俎上にはのせていない。

またしかし一九六六年のメモが示すところでは、アルチュセールはどうやら「構造」を持ち出したころ、つまり構造主義に一定の媚を売っていたころ、すでに偶然性唯物論者であったらしく、こちらの唯物論はやがてそのままスピノザ論である性格を隠さなくなる。まるでアルチュセール自身の「地下水脈」をなすかのような特異なスピノザ像は、いつ固まったのだろうか。そしてそれは、なぜスピノザ論としては書かれなかったのだろうか。

三 「錯乱」と「狂気」

「次はスピノザだ」

けっして書こうとしなかったわけではない。一九六二年七月一三日、アルチュセールは恋人のフランカ・マドニアに向かって突然宣言する。「次はスピノザだ。決めた。スピノザに真剣に取り組んで一冊の本にしようと思う。フランスの古典的解釈者たち(一般にとんでもなく観念論的だ)から一斉に反発を食らうこと必至の本になるだろう」。

スピノザをすでにかなり読んでいなければそんな決心をしようはずもなかったろうし、彼の保管文書には実際、およそ五百枚にのぼるノート(手書き・タイプ打ち)が残されており、「真剣な取り組み」はけっして口先だけのものではなかった。ノートのかなりの部分は一種の定義集——スピノザによる定義を写すのではなくパラフレーズする——かつインデックスに費やされており、それらを作成しながらときおり長いメモをとるという作業を、相当期間続けていたようだ。とにかく「真剣に」、『エチカ』の各部と主要概念のあいだの関係を独自に再構成しようとしている。フランス哲学の正統にはまだマルシャル・ゲルーの大著『スピノザ』(一九六八―七四)すらなかった時代に、である。

スピノザがマキァヴェッリの「経験」を教える

フランカに決心を語る半年前、一九六二年の一月から二月にかけて、アルチュセールはマキァヴェッリについてはじめての本格的な講義を行っている。マキァヴェッリ講義は一九七〇年代初頭にも行われ、そちらの講義録は、一編の著作へと仕上げるべく八〇年代まで断続的に手を入れられ続け、今日では「出会いの唯物論の地下水脈」と並び偶然性唯物論を代表するテキストとなっている(「マキァヴェッリとわれわれ」)。

一九六二年の講義でも「発生」はすでに「国家のはじまり」として問題化され、「はじまり」の条件としての「空虚」、「はじまり」における「根源的偶然性」が指摘されている。さらに、「質料は形相の純粋な空虚、形相の無定形な純粋待機である。イタリア的質料は空《から》の可能態であり、形相がそこに持ち込まれ、課されるのをそとで待っているのである」(強調原文)――小国家が乱立するルネサンス期イタリアの惨憺たる政治的現状を、アリストテレスの「質料」に見立て、そこに実現されるべき統一イタリア国家を同じくアリストテレスを参照して「形相」と規定する。この対比は、特異にスピノザ的な「空虚＝実体」と、そこに生じた「原子」——スピノザにおいてなんであるかはさしあたり不問に付す——の「クリナメン」により「発生」する「個体＝様態」、という偶然性唯物論の構図を先取りしているだろう。

なにより講義全体を貫く問題設定が、スピノザが『政治論』第一章でマキァヴェッリに下した評価により枠づけされている。すなわち、同書から語を引いて「非常に鋭い」人。アルチュセールによるパラフレーズでは「理論家のものではない実験家の洞察力」、「哲学者のものではない実践家の洞察力」をもった「天才的経験主義者」。哲学者であるスピノザに「私は、政治学に取り組むにあたって、なにか新しいこと、人の言わなかったことを持ち出すつもりはない」と政治理論書の冒頭で言わせた人。政治に理論など要らない、理論は無力だ、ということか。ならばそれはなに？　スピノザの行っている「人間学」（諸「情念」の分析）による政治の基礎づけ、さらにそれを基礎づける『エチカ』の自然論は、政治における経験や実践といかにかかわることができるのだ？　講義では『政治論』にとどまらず度々スピノザが参照され、マキァヴェッリには「「実践にもっともよく適合するものをある種の疑いえない合理性によって確定」したいと望んだスピノザの企図と等価なものが見いだせる」と結論される。しかし問いは開いたままである。スピノザと等価だとしても、マキァヴェッリの「理論の全体は（……）出来事の到来をめぐる無力な思考にほかならない」、そして、理論と出来事／経験／実践は「回転扉」のなかで互いを追いかけ合うような関係に置かれ、理論はその回転のなかで「自らを消尽する」、とされる。アルチュセールが用いた「回転扉」という比喩は記憶にとどめておきたい。

先述のスピノザ・ノートには、講義の準備過程で作成されたとおぼしきマキァヴェッリとスピノザを比較対照した数ページのまとまったテキストも含まれている。アルチュセールのマキァヴェッリは最初からスピノザとともにあり、彼のスピノザは最初からマキァヴェッリとともにあったのだ。

「中心問題は（……）無からのはじまりだ」

講義を行っているさなかの一九六二年一月二三日、アルチュセールはフランカに宛てて書いている。「ぼくは奇妙な状態にある（……）。それがどこに行きつくのかまったく分からない！まったく。目下のところ、突き動かされて仕事をしている。麻痺、ずっと麻痺だ」（強調原文）。九月二九日、すなわちスピノザについて本を書く決心をしたとフランカに告げてから二カ月後、講義を振り返って再び彼女に語る。「講義をやりながら、ぼくはそれをやっているのが自分ではないという気がしていた。講義がぼくのそとで行われている。完全なまぼろし、錯乱といったところ。自分の語ることをコントロールできず、なにを語っているのか確かめられない。

（……）講義しているのはたしかにぼくだ、と納得するには一つのやり方しかなかった。講義の錯乱はぼく自身の錯乱にほかならないと認めることだ。（……）自分の錯乱しか喋っていない、という幻覚的感情にぼくは襲われていた（抗いがたく）」（強調原文）。

経験と実践のマキァヴェッリと、理論のスピノザとの「並行」と「出会い」。そしてその「出会い」の「凝固」としての講義。しかし、アルチュセールの目に映る「回転扉」の存在は、経験や実践と理論がはたして首尾よく出会えたのかどうか、彼にも読者にも疑念を抱かせる。そして、その講義と「ぼく自身の錯乱」との「並行」と「出会い」。こちらは確実に出会えている。なぜなら「中心問題」として自覚されたからだ――「理論的観点からするマキァヴェッリの中心問題は、絶対的に不可欠で必然的な新しい国家の、無からのはじまりを問うていると要約できる。（……）この問いはぼく自身のものだ」（強調原文、九月二九日の手紙）。新しい「国家Etat」と「ぼく」の「状態 etat」（もちろん精神の）が一つの問いに合体する。かくしてやがて偶然性唯物論と呼ばれる「思想」の核、「無からのはじまり」問題が結ばれた。「凝固」した。「ぼく」の「状態」と合体することでそれが「凝固」したから、彼は言えたのである。「理論的対象との関係は自己との関係にも規定されている」（一九六二年一〇月二三日の手紙）。「ぼくは理論において自分と直接関係しないものはなにも理解できない」（六三年五月二一日の手紙）。

一月二三日の手紙では、「奇妙な状態」の正体はまだ見極められていない（「まったく分からない！」)。しかしそれが九月二九日の手紙で「錯乱 délire」や「幻覚 hallucination」へといわば昂進するにあたっては、たんに時の経過だけがあずかったとは考えられない。言い換えれば、彼がまったくの自力で「無からのはじまり」を、「幻覚」をともなうほど「錯乱」した理論的かつ個人的な「中心問題」であると確信するにいたったとは。

やがて見るように、「錯乱」や「幻覚」は実のところスピノザからの実質的引用である。彼はその間もスピノザを読み続けていたと思われる。それらの語はあるときアルチュセールの頭に降ってわいたのではなく、哲学的概念として彼のもとにやってきたはずだ。「錯乱」や「幻覚」といったそれ自体は没理論的で記述的な語が概念となることも、偶然性唯物論にふさわしい(「雨」や「列車」を想起されたい)。

スピノザ／マキァヴェッリの「経験」に、フーコーの「狂気」が加わる

体験を概念化するにあたっては、もう一つの読書も深くかかわっていたと思われる。九月二九日の手紙は冒頭で、書き上げたばかりの「濃密で簡潔な五ページ」に触れている。「将来、全集が編まれれば重要なものになる五ページ」。このテキストは保管文書のなかに見つかっていないものの、自分の全集を夢想させるほどアルチュセールにとって重要なその五ページは、「狂気を問題にしている本」にかんするものだった。ミシェル・フーコーの『狂気の歴史』(一

九六二)である。冬に「構造主義の起源」について連続セミナーを開くために、アルチュセールはそのころ同書を集中的に読んでいた。

少し前の九月二二日の手紙――「ぼくは読んでいる。読書というやつを、早く深く、なにか指標を見つけるたびに一瞬で反応し、どんな観念も取り逃すまいとノートをとりながらやっている。ある決定的に重要な本を読んでいる(……)。決定的に重要と言えるのは、ぼくがおそらくその本についてなにか意味ある重要なことを書ける唯一の人間だからだ(理由の一部は昨今の事情にあるだろうが、この間ぼくの頭をかけめぐっているテーマにもあるだろう)。ミシェル・フーコーの『狂気の歴史』(プロン社)というタイトルの本だ」。九月二五日の手紙――「本を読み終わった(イタリア語訳が進行中だとフーコーが今朝電話で言っていた)。驚嘆すべき天才的な本。雑然としているけれども輝いている。まなざしと閃光、夜の名残りと夜明けのきらめきに満ちている。ニーチェのように黄昏れているけれども、方程式のように明晰な本……」。冬のセミナーで、アルチュセールは同書について二回話すことになるだろう。一回目(一九六二年一一月二〇日)のタイトルは「歴史の起源」、二回目(一二月一八日)のタイトルは「フーコーと起源の問題設定」(本書第五章で詳述する)。

一九六二年の初秋、スピノザの「錯乱」や「幻覚」がフーコーの「狂気」とシンクロしたかのようである。講義の「錯乱」と「ぼく自身の錯乱」がわけも分からぬまま出会い(一月)、時間をかけて凝固する途上（九月）、「ぼく」だけが『狂気の歴史』について意味あることを書けるという「錯乱」——そんな自負が「錯乱」でなくてなんであろう——まで加わってアルチュセールの深くに「沈殿」したかのようである。彼にとり、スピノザとマキァヴェッリが本性的にともにあったとすれば、そこにはフーコーまでともにあったのだ。

だからではないのか、と問うてみたくなる。書くと決心した「スピノザについての本」が書けなかったのは。フーコーによれば、「狂気」とは「作品の不在」にほかならないのだから。『資本論を読む』の「序文」には、「狂気」のこの定義へのすぐにはそれと分からない言及がある。

こういう言い方をしてどれほど逆説的に聞こえようとも、強く主張できる。人間の文化史のなかで、われわれの時代はいつか、最高に劇的で最高に労苦に満ちた試練によって際だつ時代であった、と見えるかもしれない。すなわち、見る、聞く、話す、読むといった生存のもっとも「単純な」身ぶりの意味を発見し、学んだ時代。それらの身ぶりは人間を自らの作品と関係させるけれども、作品は人間の喉元で反転して彼らの「作品の不在」になる。

彼らの「狂気」になる。「作品」がどこかしら理性の業《わざ》によるものだとすれば、「作品」はその先で「理論」に通じていよう。どれほど抽象的な「理論」であろうと、ごく一般的な意味での「作品 œuvre」すわなち「仕事」の延長線上にある。その「理論」なるものは、アルチュセールにおいてすでに一九六二年のはじめには、「経験」とともに一つの「回転扉」のなかに入れられていた。その「経験」なるものが、六五年には「もっとも「単純な」身ぶり」(見る、聞く、話す、読む……)にまで分解・還元されて、「作品」の「喉元」すなわち発生の瞬間に、「狂気(非理性)」に「反転」させられている。いかなる「経験」も、それ自体で「狂気」に通じる「身ぶり」、「狂気」への入り口という本性をもたされている。『狂気の歴史』初版序文はパスカルの引用からはじまっていた――「人間は必然的に狂っているので、狂人でないことは狂気の別の業《わざ》 tour であるだろう」。tour という語には回転の意味もある点に注意されたい。パスカル的「人間」は「理性」と「狂気」の回転体である。アルチュセールには、「理論」と「経験」ばかりか「理性」と「狂気(非理性)」まで、「回転扉」のなかで相互に反転する retourner, 互いの背中を追いかけ合う、と読めたであろう。パスカルはアルチュセールの愛読書の一つであったから、ひょっとすればフーコーにパスカルを教えたのはアルチュセールであったかもしれない(フーコーは「アルチュセリアン」に先行する、アルチュセールの最初の愛弟子であった)。そうであったとすれば、『狂気の歴史』に熱狂するアルチュセールは、偶然の「めぐり合わせ」の必然性を確信していたかもしれない。

文体と語彙の選択（「喉元」、「反転」……）にまで『狂気の歴史』初版序文の影響を色濃く漂わせるこの序文には、次章で詳しく立ち返ることになるだろう。先回りして述べておけば、ここに射し込むフーコーの影が、どれほど目立たなくても確実に「ある」のと同様、この序文において披瀝されるアルチュセールの「読む」方法論――「徴候的読解」と名づけられる――は、たとえそう見えなくとも、そのままスピノザ論である。『狂気の歴史』に見て取った、「もっとも「単純な」身ぶり」の一つである「読む」ことの「劇的で労苦に満ちた」さま、「読む」とはなにかを「発見し学ぶ」さまを、アルチュセールはスピノザにも見いだすのである。

四　経験主義

ヘーゲルは経験主義者である

問題は「理論」との関係における「経験」であり、さらにこの関係の「喉元」に見いだされた「理性」と「狂気」の関係である――スピノザ－マキァヴェッリ－フーコーを三幅対にする問題をこう整理してみると、すぐに一つの事実が想起される。

『資本論を読む』のアルチュセールは「経験主義」を敵視しているのである。すでに見たように、『マルクスのために』の「構造」概念は、構造を「経験」によって認識できると思うなという主張を含んでいた。それ以前にも、マキァヴェッリの「天才的経験主義」にアルチュセールはひとまず「理論の無力」を認めた。スピノザのマキァヴェッリ評価に見られる、実践にかんしてはマキァヴェッリの「経験主義」で十分という考え方は、「経験主義」に対するアルチュセールの明示的な拒否と、どう整合性を保つのだろうか。そしてそれはスピノザとどう関係するのだろうか。

『資本論を読む』におけるアルチュセールの「経験主義」概念は独特のものだ。哲学史上のいわゆる経験主義(ロック、ヒューム、コンディヤック etc.)には限定も拘束もされない。というか、いわゆる経験主義をその可能なヴァリエーションとする「経験主義」観を、彼はもっている。観念は生得的かそれとも経験を通じて獲得されるか、という合理主義と経験主義を分かつ哲学史上の議論は、彼にとっては同根の「経験主義」から派生する分岐にすぎない。彼にとって「経験主義」を代表するのは、哲学史上の経験主義をいったん終わらせたと言われることもあるヘーゲルなのである。ヘーゲルの「絶対的観念論」こそ、アルチュセールにとっては「経験主義」の典型にほかならない。

その定義はきわめてシンプルであり、フーコーにさりげなく言及した『資本論を読む』序文のまさにその段落で、言及に続けて与えられる。「「具体的」現実存在の透明性のなかに「抽象的」本質をそのまま en toute lettre 読み取る」。正確を期せば、この段落ではまだこれが「経験主義」であるとは名指されていない。しかし論の展開につれて、「読む」という行為にこのような意味を暗黙のうちにもたせるもの、あるいはもたせることが「経験主義」であるという解釈を、アルチュセールはマルクスのテキストを「読む」ことを通じて鮮明にしていく。

ここでの定義はいわば結論の先取りだ。「経験主義者」は世界という書物を「読む」ことになんの「労苦」も「劇的試練」も認めず、「本を開きさえすればただちに」、そこに書かれている「このパン、この身体、この顔、この人間」がそのまま「文字 lettre」として現れ、「概念が白日のもとに見えるようになる」と考える。見えないとすれば、序文の別の箇所で用いられている比喩によれば、見る者の「近視」のせいである。見えない原因は世界の側にはなく、世界はつねに己の姿を「文字通りに en toute lettre」人間に見せている。「経験主義」とはつまるところ「ガリレオの「世界という偉大な書物」へのノスタルジー」であり(たとえガリレオ以前であっても構造的に同型)、「経験主義者」は自然や現実から「四角形、三角形、円からなる」(＝抽象的概念からなる)言葉の語りを「聞き」取ろうとする。

「経験」の先には「絶対知」が

どうしてこれがヘーゲル的であるかと言えば、具体的現実存在、自然、世界と、それについての抽象的認識が完全かつ現実的に一致しうると考えるからである。

「絶対知」の絶対性とは、アルチュセールの言を俟つまでもなく対象との「一致」の絶対性であり、この「一致」はたんなる照応や適合や、さらには「並行」でもなく、文字通りの「同じ」を意味する。「絶対知」が実現する「主体=実体」の「=」はまさに実体的である。もちろん、任意の時点での任意の誰かにとって、そんな「一致」があるとはヘーゲルも言わない。しかし『大論理学』に書かれていることは「世界のはじまり以前の神の悟性」であるとヘーゲルは規定するのだから、その本は世界にこれから刻み込まれる「文字」を漏れなく含んでいて、歴史の終わりには、それらの文字が「感性的な現実存在のままに手を触れることができるようになる」、とアルチュセールは「絶対知」の意味をパラフレーズする。

どうしてこれが「経験主義」であるかと言えば、人間の認識をそんな「一致」に向かう「経験」と捉えるからである。観念が生得的であれ事後的に獲得されるのであれ、観念をもちさえすれば現実を「摑んだ」——自分のものにした——と捉え、それが「経験」だと思いなすからである。さらに言えば、「経験」によって「一致」に到達する——概念に「手を触れる」——ところまで行けると暗々裏に想定しているからである。

「経験」にそうした含意とそこまでの能力を与えるのが、アルチュセールにとっての「経験主義」にほかならない。「経験」の先にある「絶対知」が実現する「一致」は、「神の顕現《エピファニー》」のようなものだろう。それは「言葉の衣装をまとった真理が書物すなわち聖書を身体とする、という聖なる文字の魅惑的な神話を反芻」（強調原文）している。「絶対知」は「宗教的幻想」だ、とアルチュセールは言う。その幻想的「一致」をめざして進む、世界の「宗教的読み方」を、「世俗的に書き換え」れば哲学上の「経験主義」になる。「経験主義」は「経験」さえすれば「一致」に近づくと考える。「経験主義」にとっての「不一致」は「近視」のようなものであり、眼鏡をかければ正される。だから「経験主義」は経験に固有の「労苦」も「劇的試練」も知らないのである。

『知性改善論』が捨てられ、『エチカ』が「はじまる」

これはすでにしてスピノザをめぐる一つの解釈であると言っていい。『知性改善論』と『エチカ』の関係をめぐる解釈である。次章で詳しく見るように、『知性改善論』は「経験」から出発して、絶対確実な「神の認識」に到達しようとした。神について人間が知ることであると同時に、「神が知る」ことでもある「認識」に。『知性改善論』はいわば真の哲学にいたる助走だ。それが終わり、絶対確実な「神の認識」に到達してようやく、『エチカ』は「はじまり」を得たことになる。

しかし、『知性改善論』は未完に終わった。完成を間近にして捨てられ、あらためて『エチカ』が書きはじめられた。この事実をどう受け止めるかがスピノザ研究史において重大な論点を形成してきたのだが、アルチュセールは、二つの著作が連続しているなら、言い換えれば『知性改善論』が完成可能な著作――スピノザがその気になりさえすれば――であったなら、二著はヘーゲルの『精神現象学』と『大論理学』のようなものではないか、スピノザはヘーゲルに吸収されてしまうではないか、と考えるわけだ。

実際、『エチカ』I部の神は、人間の「認識」のみならずあらゆる「もの」の存在原因であるかぎり、「世界のはじまり以前の神」と呼んでもいいだろう（彼の神は人格的な創造神ではないから、この言い換えは誤解の原因にもなるけれども）。そして『精神現象学』における「意識」は、「知覚」から「悟性」を経て「自己意識」にいたる遍歴の「経験」の果てに、「絶対知」に到達する。

アルチュセールは「意識」のこの「経験」が「絶対知」には到達しないとみなす――到達するとみなすのは「宗教的幻想」に等しい「経験主義」であると考える――のであるから、その彼にとっては、『知性改善論』と『エチカ』のあいだには越えられない断層があると考えるのが自然であったろう。構造は「経験」によっては認識できないという彼の反「経験主義」は、『知性改善論』は『エチカ』の神に到達できないという解釈と裏腹であったはずだ。構造的因果性を『エチカ』の「内在的因果性」に帰することにためらいはなくとも、ヘーゲルにどっぷり浸かった経験のあるアルチュセールには、『知性改善論』を『エチカ』にすんなり接続させる二著の読み方は容認できない。二つの著作のあいだに断層が、したがって「空虚」があるとすれば、「無からのはじまり」というアルチュセールの「中心問題」は、「世界のはじまり」問題であると同時に『エチカ』の、したがって真の「哲学」の「はじまり」問題でもあった。

「彼女の名を口ずさみ」「開いた本を読む」

彼女の名を口ずさむときの最初の一言に、彼女はそっくり収まっている。彼女を指す名前は、彼女を呼び出す名前だ。彼女についてのどんな話も、彼女がそこにいるから、彼女の実在にたえず手が加えられるから、休む間もなく作られる作品だ。彼女の名のもとにぼくたちは集う。コンサート会場でのように肘を触れ合わせて、いのちが散らばったベンチに腰掛けて。最初の音が取り返しのつかない本質と冒険を封じ込め、結びつけ、ぼくたちはもう一体化している。だから問おうではないか、いったいどんな理《ことわり》の空間がこの合意を、どんな切迫がこの期待を、どんな言葉がこの沈黙のコンサートを支えているのか。

みなの一心の注目から強い存在感が生まれ、それによって彼女が〈哲学〉という名前をぼくたちみなに対してもつようになるのを待って、ぼくたちはなにを待っているのか。

（……）

はじまることは、哲学の絶対そのものだ。（……）

一九六三年五月

ところがアルチュセールは、フランカへの手紙のなかでは、『資本論を読む』序文とは文字通り正反対のことを語っている。あなたは「絶対知」を「経験」しているではないか、と彼に向かって糾さずにはいられないことを。「ぼく」は「開いた本」を読んだ、と言っているのである。

思い起こせばそうとう奇妙なことだ。ぼくは何カ月ものあいだ、深い現実と生々しくコンタクトする異常な能力をもって過ごした。それらの現実を、まるで開いた本を読むように、現実存在のなかに感じる、見る、読むことができたんだ。この異常事態をしばしば思い返している。ぼくがその名前を称賛する数少ない人たち――スピノザ、マルクス、ニーチェ、フロイト――のことを考えながら。彼らもこのコンタクトを経験したにちがいない。さもなくば、彼らは彼らが遺したものを書けなかったにちがいない。さもなくば、彼らは現実界を覆っている分厚い地層、巨大な墓石をどうやって取り除けたのだろうか。彼らのなかで永遠に燃えている、現実界との直接的コンタクトを経験しなければ。

一九六四年二月二一日

その少し前の二月二日には、「コンタクト」の様相について、偶然性唯物論との関連もうかがわせるこんなことを書いている。

途切れない
水の流れはこんなふう。どこではじまるのか分からない。空、海、雨、涙、まなざし、すべてが途切れない。中断さえ。
閉じた本まで開いた本として読んでいる。本の不在も開いた本として読んでいる。

途切れないのは具体的には「仕事」である。二つの手紙の日付に注意しよう。それらを書いていたころ、アルチュセールはまだ『資本論を読む』序文の執筆に取りかかっていない。それに取りかかるのはまだ一年以上先、同書刊行(一九六五年末)の直前である。つまり彼は序文での「開いた本」という表現を、自分の手紙から引用したのである。実体験であった「開いた本を読む」に、哲学が認めてはならない「宗教的幻想」の地位を与えて。自らの「経験」の内容を「経験主義」と呼び、否定して。

預言者は「目を開けて夢を見る」

スピノザとの関連では——ここでも先回りする——二つの点を指摘しておくべきだろう。アルチュセールのスピノザ・ノートから分かるのは、「開いた本」をめぐる二つの相反する記述が、スピノザにおける同種の矛盾をほぼ確実に念頭に置いている、ということである。「目を開けて見る夢」である。『神学政治論』において、スピノザは預言者の預言を、「目を開けて見る夢」のようなものであるから真である、とみなしている。

神はダビデに怒りを知らせるべく、剣を手にした天使たちの姿を見せた。バラムに見せたのも同じ映像である。マイモニデスたちは、この物語も、これに類したなんらかの天使が出てくる物語も、そういう場面はすべて夢のなかで起きたことにしたがっている。(……)ひとが目覚めた状態で本当に天使を見られたわけがないということなのだが、それこそ余計な詮索というものだろう。(第一章一四節)

預言者とは「気を失ったまま目を開けて全能の神の幻を見る者」(第三章九節、「民数記」からの引用)である。彼らは「異常な想像力」をもっているからこそ、彼らの預言は信用できる。さらに、こんな記述もある。「即興で詩を詠むことができる人はほとんどいないが、それでもこれは人間のやることである。目を開けたままものごとを生き生きと、まるで目の前にあるかのように想像できるのも同じことである」(第一章二六節への原注三)。

ところが『知性改善論』では、

虚構とはそれ自体として見れば、夢とたいして違わない。(……)誤謬とは(……)目覚めていながら夢を見ているようなものであり、それがあまりに明らかなときには錯乱 délire と呼ばれる。(§64注)。

〔誤謬は〕目を開けながら、すなわち目覚めながら、夢を見ているのとほとんど変わらない。(§66)

アルチュセールが一九六二年九月二九日の手紙でフランカに向かって口にした、「錯乱」──マキアヴェッリ講義の「錯乱」──なる語は、ここからの引用であったらしい。「目を開けて見る夢」に、ノートは格別の注意を払っている。講義をしている「ぼく」は「目覚めたまま夢を見」ていたのではないか、と、手紙に「錯乱」の語を記す彼は自問していたろう。そのとき彼はまた、『エチカ』の執筆をわざわざ中断して書かれた『神学政治論』における預言者の話も思い起こしながら、講義と「ぼく」の「錯乱」は、「錯乱」であるから真である、とも思っていたのではないか。

だとすれば、一九六四年二月二一日の手紙でフランカに対し、「深い現実と生々しくコンタクトする異常な能力」を語るアルチュセールは、自分が旧約聖書の預言者のようである、と言っているのかもしれない。「ぼく」は預言者のようになにものかと「コンタクト」していた、と。とにかく彼は、六五年に自分で自分を引用したとき、「開いた本」をめぐる自らの矛盾をスピノザの「目を開けて見る夢」のそれと重ね合わせていたはずである。スピノザ・ノートは、アルチュセールのスピノザ論における「中心問題」の一つがそこ、つまり「目を開けて夢を見る錯乱」にあったと教えてくれる。『エチカ』のはじまり問題に加えて。

「第三種の認識」は「経験」される

ヘーゲルとスピノザにおける「経験」と「経験主義」に引き寄せて言えば、「絶対知」は「認識される」と同時に「経験」される、それも「開いた本を読む」=「目を開けて夢を見る」という「錯乱」のただなかで。それがアルチュセールのスピノザ「第三種の認識」論であったろう。

個物の認識であると同時に「神への知的愛」であるこの「認識」についてスピノザは言う。

「われわれはわれわれが永遠であると感じ、それを経験している」（『エチカ』V部定理二三注解）。なにかを「知っている」さなかに「感じ」られ、「経験」される「われわれ」の永遠。たんなる認識でも、たんなる感覚経験でもなく、あくまで両方。それも、有限であるはずの「われわれ」が永遠であることの。したがって「異常事態」の。「われわれ」は「経験」から「神の認識」に移行するのではなく、「経験」と「神の認識」は、「幻覚」を見るに等しい「異常事態」として、「絶対知＝第三種の認識」のなかに同時に訪れるのだ。

またしても、「経験」と「理論」の「回転扉」だろうか。『エチカ』の終点である「第三種の認識」が、始点よりも前にあるはずの「経験」とともにあり、にもかかわらず「経験」は隣にある『エチカ』に通じる壁を破れない、というのだから。それとも、「前」をもつことなく「無＝空虚」からはじまった『エチカ』が、その終わりに自らの「そと」に出ていったのだろうか。しかし、いかなる「そと」もないと「神即自然」は教えたのでは？

とにかく、ヘーゲルにおいてはつながっている「私」の「経験」と、世界をその原因から説明する「理論」とが、アルチュセールのスピノザにおいては移行の通路をもつことなく、「錯乱」のさなかで併存している。互いの背中を追いかけ合うようにして一つである極点を形成している。

この極点は『資本論を読む』でどのように描かれているか。次章の課題である。

第三章◆『資本論を読む』

またはスピノザを読む

一　アルチュセールのスピノザ

「真は自らと偽を指し示す」――科学性の基準と哲学

弟子たちとの共同著作である『資本論を読む』（一九六五）において、アルチュセールが著作全体の課題として掲げるのは、『資本論』からマルクスの「哲学」を取り出すことである。その点は彼が書いた序文のタイトル、「資本論からマルクスの哲学へ」、だけからも読み取れるだろう。

彼の寄稿論文「資本論の対象」には、冒頭近く、やや切迫した調子でこう記されている。「われわれの期待に反して、『資本論』におけるマルクスの方法論的省察は、マルクス主義哲学の対象の発展した概念はおろか、その明示的概念すらわれわれに与えない」（強調原文）。『資本論』に「哲学」が含まれていて、それに明示的な形がまだ与えられていないなら、取り出すことはたしかに可能だろう。けれども、そもそもなぜ取り出さなくてはいけないのだろう。なぜ「マルクス主義哲学の対象」に「明示的概念」を与えなくては困ったことになり、それはどう困ったことなのだろう。

この問いはアルチュセール自身のものである。すでに「唯物弁証法について」(一九六三)において立てられている。「科学」の「理論的実践」は「〈理論〉を作り出そうという欲求を必ずしも抱かずに、その理論的な仕事をみごとにやってのけることができる」。マルクスがよい例ではないか、とアルチュセールは言う。「マルクスを見よ。彼は十に及ぶ著作と『資本論』という記念碑的著作を書いたが、「弁証法」(マルクス主義哲学と読むべし)についてはついに書かなかった」。なぜかと言えば、「彼自身の実践をゆたかにするうえで本質的ではなかったからである」。本質的でないのに、どうして必要なのか。「哲学」と「科学」はこの時期のアルチュセールにおいていったいどういう関係にあるのか。

「科学」については、『資本論』が「科学」たりえていることは『マルクスのために』でも『資本論を読む』でも自明視されており、『資本論』から「哲学」を取り出すうえで、すでに満たされた要件をなしている。さらに、そもそもなにをもって科学性の根拠となすかについて、アルチュセールは「哲学」が「科学」のそとから口を出す筋合いのものではない、と考えている。「理論的実践はそれ自身で自分の基準 critère であり、自分のなかに(……)科学的実践の科学性の基準を含んでいる。〔諸科学が〕生産する認識を「真である」と宣言するためには、外部の実践による検証をまったく要しない」(「資本論からマルクスの哲学へ」、以下「序文」)。

文中には明示されていないものの、スピノザに親しんだ読者ならすぐに気づくはずである。

これは彼の有名なテーゼ、「真は自らと偽を指し示す *verum index sui et falsi*」の援用だ。すなわち、「真である」と確信するには「真である」こと以外の「徴証 *signum*」は要らないし、「真」はそれ自体で真と偽を人が見分けるための「規範 *norma*」となってくれる。「基準」は多分にデカルト派的用語であるけれども、スピノザの「規範」も参照されていたろう。アルチュセールもやがて援用を公言するようになる（『自己批判の基礎』一九七四、「アミアンの提説」一九七五）。なにをもって「真」となすかを自分で決められるから、そして現に決めて*いる*から、「科学」は「哲学」の助けを借りずに自らの「理論的な仕事」をやっていける。先のスピノザのテーゼはある手紙で提出されているのだが、『知性改善論』ではこうパラフレーズされている——「観念のなかには真なる観念と偽なる観念を区別するある実在的なものが存在する」（§70）。さらにこうも——「真なる思惟の形相は、ほかのものには関係なくその思惟そのもののうちにあるのでなければならない。またそれは、その原因として対象を認めるものではなく、知性の能力および本性そのものに依拠していなければならない」（§71）。

「見ていることを見ている」——デカルトによる反照的二重化

ことはデカルトに対するスピノザの異論にかかわっている。周知のように、デカルトは数学的真理すら疑う「方法的懐疑」の果てに、「私は考える」（コギト）をもって「私は存在する」の根拠となし、「私は考える、ゆえに私は存在する」の確実性に、考える内容の真実性――数学的真理がほんとうに真であること――を保証させた。その点だけを見ると、デカルトにおいては、考えることそのもの、私が考えているということ自体が、真理の最終「基準」をなすかのようである。

だとすれば、スピノザの言う「真なる思惟の形相」がそれとさほど異なっているようには見えない。スピノザも考えることそのものとしての「知性」の「本性」――それがなにかはさておき――に真理の「基準」を求めている、と言ってまずいはずはないからである。

けれども『省察』のデカルトは、考えること自体をもう少し精緻に構造化している。「いま私は光を見、騒音を聞き、熱を感じている。これらは虚偽である、私は眠っているのだから、と言えるかもしれない。けれども、私はたしかに見ていると思い *videre videor*, 聞いていると思い *audire videor*, 熱を感じると思っている *calescere videor*. これは虚偽ではありえない。これこそ本来、私において感覚すると呼ばれるところのものである。そして厳格に解するならば、いま、これこそ考えることにほかならない」(「第六省察」、強調引用者)。「思っている」と訳される *videor* を直訳すれば「見ている」である(英語では seem, フランス語では sembler などの訳語が充てられる)。

ここでのデカルトによれば、コギトは構造的には「見ている=考えている」の反照的二重化

――「見ていることを見ている」／「考えていると考えている」――であるわけだ。彼にとっては、「私は考える」はひょっとすれば虚偽かもしれないけれども、「私は考えていると考えている」に確実に真である。デカルトはコギトの反照的二重化に真理を保証させた、あるいは真理の「基準」を二度目の「考える」に置いた、と言っていいだろう。一度目の「考える」が「科学(者)」の「考える」であり、二度目の「考える」が「哲学(者)」の「考える」であるとみなせば、なるほどデカルトは「哲学」に「科学」の「科学性」をそとから保証させている。

「われわれは実際、真なる観念をもっている」――認識のはじまり

『知性改善論』のスピノザにはそれが気に入らない。「私が知るためには、私が知っていると知る必要はなく、いわんや、私が知っていると知っていると知る必要はない」。さらに「私が知っていると知るためには、どうしても、まず私は知らなくてはならない」(§34)。デカルトの「考える」を「知る」と言い換え、さらに「知る」を「観念をもつ」と同一視しつつ、スピノザは述べる――「観念を獲得したあとでその真なることの徴証を求めるべきではない」(§36)、「真であることを確信するためには、真なる観念をもつ以外になんらの徴証を必要としない」(§35)。

まさに「真は自らと偽を指し示す」だ。スピノザにとっては、得た観念が真であれば、その

観念についての観念もまた真である。つまり一度目の「考える」の真実性が二度目のそれを保証するのであって、逆ではない。「知るためには知っていると知る必要はない」という命題は、そう理解することができるだろう。観念と「観念の観念」は同じ真理値（真か偽か）をもつ、と。ならば「観念の観念の観念」もまた同じ真理値をもち、真理値は観念をいくら積み重ねても維持され、最初の値を保ったまま後続の観念に受け渡されていくことになる。それをアルチュセール流にパラフレーズすれば、「科学」がある命題の真なることをいったん確認すれば、「哲学」による保証や助けがなくとも、「科学」は自らの「仕事」を「みごとにやってのける」、となる。

そしてスピノザにとっては、「知っていると知るためには、まず *prius* 知らなくてはならない」が、この規範は事実として満たされている。「知る」出発点において現に真なる観念はあるのだ――「われわれは実際、真なる観念をもっている *habemus enim ideam veram*」（§33）。人がなにかを「知り」はじめるとき、真理はすでにそこにある。「われわれ」が真なる観念をもっていることは確実な事実であり、そこに懐疑など無用であり、事実としてもっているこの真なる観念を基準かつ規範にして後続の観念を獲得していくプロセスが、アルチュセールの理解するスピノザ的「認識生産」にほかならない。

アルチュセール、デカルトに戻る？

だから問題なのである。アルチュセールは一方において、このようにスピノザに依拠して「科学」による「認識生産」／「理論的実践」を理解しておきながら、他方なぜ、まるでデカルトに戻るかのように、「科学」とは区別される「哲学」を欲するのか。とりわけマルクス主義「哲学」を、すでに十分「科学」である「史的唯物論」にとり不可欠である、と思うのか。スピノザに「科学」と「哲学」の区別などない――いずれも「認識」であり「観念」である――のに、たとえデカルトのように外部から基準を持ち込まなくても、一つの生産プロセスをなす「理論的実践」の内部になぜ「科学」と「哲学」を区別しなくてはいけないのか。この区別はどういうスピノザ解釈、彼への批判すら含むかもしれない理解を内包しているのか。

そこに自身に特有の理論問題があることをアルチュセールは間違いなく意識していたはずである。一九八〇年代の回想によれば、時期は定かでないものの、彼は先の「われわれは実際、真なる観念をもっている」という命題だけについて二回の連続講義を行っている。一回は *habemus*（「われわれはもっている」）について、もう一回は *enim*（「実際」）について。講義録（読み上げ原稿）も作成された（弟子たちに回覧されているうちに行方不明になり、いまだ発見されていない）。講義はおそらく七〇年代に入ってから行われたのであろう。というのも、講義には六〇年代であれば出席していたはずの有力な弟子が誰も出席しておらず、彼らは講義録をあとから読むことになったからである。

自己批判期（一九六七―七四年）のアルチュセールは、『マルクスのために』と『資本論を読む』が「哲学」を事実上「理論的実践の理論」と定義しており、この定義は「哲学」に「科学の科学」たる役目を担わせて、ほとんどヘーゲルの「絶対知」を復活させてしまった、と繰り返し語っている。たしかに、「唯物弁証法について」にはこう記されていた。「一般理論を〈理論〉と呼ぶことにしよう。すなわち実践一般の〈理論〉である。既存の理論的諸実践（諸科学）における〈理論〉から出発して練り上げられる〈理論〉である。これら諸実践のほうは、既存の「経験的」諸実践（人間の具体的活動）のイデオロギー的生産物を「認識」（科学的真理）に変容させる」（強調引用者）。

けれども「〈理論〉の〈理論〉」はスピノザの「観念の観念」のアルチュセール版であった、つまり「認識生産」の外部から真理基準をデカルトのようには持ち込まないための定義であったはずである。それを強調、釈明するために、「真は自らと偽を指し示す」の援用は事後に明かされた。おまけにアルチュセールは一九五〇年代からヘーゲル哲学の「科学の科学」的側面を明示的に拒否していた。彼にとって「科学の科学」は党による知識人支配の「哲学」だったのである。「懐疑」を経由して「科学」へのお墨付きを与えようとする――まるで科学へのマウンティングだ――デカルトのコギト哲学と変わらない。

それなのになぜ、『資本論を読む』のアルチュセールは科学者の「実践」に任せるという態度を貫かないのか。なぜスピノザを援用しつつデカルトに戻るようなことをするのか。なんらかの答えが『資本論を読む』にすでにあるのでなければ、スピノザにアルチュセールのなかで自己批判を越えて生き残ることはなかったろう。

認識生産は革命と「並行」する

「哲学」一般はさておき、「マルクス主義哲学」についてなら、それが「科学」としての「史的唯物論」から区別されて存在する必要がある理由は、『エチカ』のスピノザに照らせば明らかであると言える。

「史的唯物論」の理論的対象はひとまず「生産様式」(封建的生産様式、資本主義的生産様式、等々)である。「生産様式」の概念を練り上げることによって『資本論』は「科学」たりえている、とアルチュセールは正統マルクス主義者として、つまりそこに特段の主張を込めることなく、承認する。アルチュセールの「史的唯物論」ないし「マルクス経済学」の理解は驚くほど正統的というか凡庸であり、そこになにか新しい知見を加えようとする意志はほとんど見られない。

それでも厳密に言えば、彼にとって「史的唯物論」の理論的対象は「生産様式」そのものではない。「生産様式」の「科学」が最終的に「証明」しているのは、いかなる「生産様式」も永遠ではないこと、必ず内部から次の「生産様式」を準備すること、すなわち「生産様式」の「移行」としての「革命」の必然性である。

「資本論の対象」の最終章（「補論」）は「「理想的平均」と移行の諸形態について」と題されている。資本家ー労働者ー地主の三階級の生産関係として定義される資本主義的生産様式は、言ってみれば「理想的平均」にすぎない。この「平均」は「移行」の必然性のみを規定し、その「諸形態」までは具体的に示さない。このままでは「科学」は預言と変わらないだろう。資本主義はいつか終わるとだけ言っているのだから。ゆえにマルクスのあとに続く「科学者」は、「移行の諸形態」に踏み込む仕事に従事しなければならない。これが「科学の対象」にかんするアルチュセールの結語だ。史的唯物論の対象は、厳密に言えば、生産様式の変化、「理想的平均」からのずれにある。

これをスピノザ的に読み替えてみよう。「観念の秩序と連結は、ものの秩序と連結と同じである」（『エチカ』Ⅱ部定理七）。マルクス主義「科学」は現実の歴史について、その「秩序と連結」が「革命」を含むと教える。ならば「観念の秩序と連結」に「革命」を含むような〈理論〉が、この「科学」には不可欠のパートナーとして必要ではないか？　マルクス主義「科学者」は、一つの〈理論〉にしたがって滞りなく仕事をしていてはいけないはずである。ある〈理論〉のもとで仕事を続ける「科学者」は、ある「生産様式」が永遠に続くかのように労働にいそしむ「直接的生産者」(奴隷、農民、プロレタリアート)のようではないか。いかなる「生産様式」も根本的矛盾を抱えていていつか終わるのであれば、『エチカ』のスピノザに照らせば、諸観念の一つの「秩序と連結」であるマルクス主義「科学」がどうして例外でありえよう。

認識生産は「三つの一般性」をもつ

一つの理論的実践として、マルクス主義「科学」もまた「既存の「経験的」諸実践(人間の具体的活動)のイデオロギー的生産物を「認識」(科学的真理)に変容させる」はずである。「唯物弁証法について」の定義によれば、「「経験的」諸実践(人間の具体的活動)のイデオロギー的生産物」は「一般性Ⅰ」をなすとされる。生活世界における個々の経験から自然発生的かつ無反省に生まれる――「イデオロギー的」とはさしあたってそういう意味である――「観念」であり、「観念」であるからすでに一定の「一般性」をもっている。またすべての認識はそこからはじまるほかないから「Ⅰ」である。

認識はこの「一般性Ⅰ」に、なんらかの〈理論〉を「一般性Ⅱ」として適用し、「科学的真理」としての「認識」すなわち「一般性Ⅲ」に変容させる。この定義についてもアルチュセールはのちに、スピノザの「三種の認識」を借用したと明かしている。近似的には、一般性Ⅰ＝経験、一般性Ⅱ＝科学理論、一般性Ⅲ＝科学により反省され定式化し直された経験、と理解して問題ないのだが、注意すべきは、三つの一般性のそれぞれは、どんな個別の認識に対しても〈理論〉のように働きうる、そうであるから「一般性」と呼ばれている、という点である。

「一般性II」が〈理論〉であることは分かりやすい。個別の経験的観念にまさに理論として働きかけるのだから。「一般性III」についても、経験的なものを科学的つまり普遍的に位置づけ直しているという意味で、それを〈理論〉的とみなすことになんの不思議、不都合もないだろう。しかし認識の出発点にある「一般性I」は？　経験的観念それ自体を〈理論〉的とみなすことはたしかにおかしいように思える。けれどもアルチュセールは、無反省ないわば常識としての「イデオロギー」もすでに〈理論〉として経験を枠づけていると考える。彼の「認識」理論に、理論以前の裸の経験は存在しないのである。

とすると、「認識生産」には実は二つの面があることになる。まず、特定の〈理論〉(一般性II)を「生産様式」のように用いて、「イデオロギー」の垢にまみれた原材料(個々の観念)を生産物(「科学的真理」)に変える、という個々の「認識」を得る過程。そして、一般性IIを一般性Iの〈理論〉に対して用い、それを一般性IIIの〈理論〉に変える、まさに一般的レベルにおける〈理論〉生産。「認識生産」のなかでは個々の「認識」生産と〈理論〉生産が分かちがたく絡まり合っているのである。一般性IIIは新しい一般性IIとして次の個別「認識」生産に役立つだろうし、そのさい、以前の一般性IIを「古い」あるいは「間違った」〈理論〉として退けることもあるだろう。資本主義的生産様式が封建的生産様式を駆逐するように。ある一般性IIIがそのまま固定観念化し、新しい〈理論〉形成を阻むイデオロギーとなることさえあるだろう。とにかく、一つの〈理論〉のもとで認識(=理論的実践)がいつまでも進むことをアルチュセール版認識生産は想定していないのである。彼にとっては、「〈理論〉を作り出そうという欲求」を抱くことなしに、マルクス主義的な認識生産は持続しない。

並行論、証明されず

「唯物弁証法について」のアルチュセールは、マルクス主義「哲学」の対象を近似的に「諸科学の歴史」、「イデオロギーの歴史」、「哲学の歴史」……に相当するとみなしている。同時にそれらの「歴史」の〈理論〉はまだない、とも。それは、「科学性」の普遍的基準を探る「科学の科学」ではなく、基準の歴史的交代――「認識論的切断」と彼は命名する――を説明するウルトラ〈科学史理論〉であるだろう。「革命」の相同物である「認識論的切断」を、いわゆる「科学史」が行うように個々に記述するのではなく、一般的に説明する〈理論〉。そんなものがほんとうに可能なのかどうかはさておき、可能と想定するところにスピノザ主義者たらんとする――『エチカ』II部定理七をまじめに受け取ろうとする――アルチュセールの企ては賭けられている。この〈理論〉をマルクス主義哲学だと想定して、『資本論を読む』というプロジェク

ト は成立している。

スピノザにおいては、二つの「秩序と連結」――「観念」と「もの」――の並行が「唯一の実体」を構成する。正確には二つではなく無数にあるのだが、人間にはそのうちの二つしか知りえないから、ひとまず二つと考えて差し支えない。「唯一の実体」の学としての『エチカ』は、この並行を論証し、それを展開させることで進む。

ならばスピノザの並行論に適い、かつ「認識」における「革命」を対象にする〈理論＝哲学〉を求めるアルチュセールは、並行論そのものを自らの行論中どう消化しているのだろうか。

そう問わなくてはいけない理由が、アルチュセールならぬスピノザの側にもある。もちろん定理七には「証明」があり、「系」があり、「注解」がある。スピノザによる正当化はすでに行われている。しかしその終わりはこうなっていた。「私はいまのところこのことを、これ以上明らかにすることはできない」。スピノザはここでの「証明」に満足していないのである。『エチカ』後段のどこかで彼がそこに戻ってくるかと言えば、そんなこともない。

並行論によってマルクス主義哲学の存在を正当化し、あり方を規定しようとするなら、アルチュセールもまた、ライプニッツ以来のスピノザ読者を戸惑わせてきたこの難問に自ら取り組む必要があるはずだ。「もの」と「観念」が「唯一の実体」の二属性として存在論的に並行しているなら、なるほど「われわれは真なる観念をもっている」と難なく言えてしまうかもしれないが、そのとき「偽なる観念」は消えてしまわないか？「真」を求める科学も哲学もそもそも虚しい努力をしていることにならないか？

二　徴候的読解とはなにか

徴候的読解はスピノザの方法である

課題は分かったとしよう。スピノザの哲学でもあるマルクスの哲学を『資本論』から取り出すこと。ではどういう方法でそれに取りかかるか。

『資本論を読む』のアルチュセールは方法にかんしてもスピノザにならおうとする。同書で採用される「徴候的読解」というマルクスを読むアルチュセールの方法は、「徴候（＝症状）」という語が示唆する精神分析的なものである以前あるいは以上に、アルチュセールなりに咀嚼されたスピノザのものだ。なぜスピノザではなく精神分析との近接が前面に押し出されたかは最終的には謎と言うほかないが、当時はまだいわゆるスピノザ・ルネサンスがはじまっていなかった——再燃に火をつけたのはほかならぬアルチュセールである——というのが一つの答えかもしれない。

聖書を読むスピノザ（『神学政治論』）のように、古典派経済学を読むマルクスを読む。読解者スピノザ、読解者マルクスを、彼らが彼らの対象テキストを読解したように読解する。読解の読解、二重化である。アルチュセールによる二度目の読解は、スピノザ／マルクスによる一度目の読解の適用たらんとする。つまり彼らの読解を「規範」にするわけであるから、これは『知性改善論』のスピノザが言う「反省的認識」という方法――略称「観念の観念」――にまさにならっている。最初の *prius* 観念の真実性について、その真実性を「規範」に「反省」すれば、二つ目の観念が真なるものとして得られる――それが『知性改善論』の言う「方法」である。「反省」という語それ自体にも、最初の観念を、その観念を対象にする次の観念に〈折り重ねる／反射する〉操作、という方法論的意味が込められている。

とにかく、すでに見たように、「方法」の成否は最初の読解／観念の真実性に賭けられている。さらに、真実性を「規範」にするとはどういうことか、方法そのものはなにも語っていない。「規範」とは「徴証」をもつ外的基準ではないと主張されているだけである。スピノザが自らの「方法」についてなにをどう語り、アルチュセールがそれを実際にどう適用しているかを突き合わせてみたい。

その前に再確認しておこう（本書第二章末参照）。『知性改善論』の言う「反省的認識」という「方法」は、人が哲学の「道」に入り、歩む方法であって（§30）、哲学そのものの方法ではない。哲学の真正なる〈方法〉は、あくまで『エチカ』のそれ、つまり原因から結果へと演繹的に推論し、それを「幾何学的秩序にしたがって」証明―記述することにほかならない。『知性改善論』においても二つは区別されている。「方法〔＝観念の観念〕とは、事物の原因を理解するために推論すること自体ではなく、まして事物の原因を理解することではない」（§37）。〈方法〉を採用する者は、たとえ結果から原因を類推しても、原因が結果を「生む」仕方を「幾何学的秩序」で再現するという「規範」を「理解」の条件として背負う。一言でいえば、「演繹」が〈方法〉である。

それに対し「道」を歩む者は、終着点には「最高善」、「最高の人間的完全性」にかんする――それを対象にする――「真なる観念」が待っていると期待しているだけだ。「日常生活においてしばしば出会うものはおしなべて虚しく、恃むにたらない」（§1）と覚って「道」に入り、「方法」を駆使する彼は、たとえなんらかの「真なる観念」を「実際 *enim*」にもっていても、まだ最後の「真なる観念」をもっていないのである。それがなにを告げるのか、彼は知らない。『エチカ』のスピノザが「唯一の実体である神」であるとすでに知っているものを、まだ知らない。『知性改善論』では実体が一つであるとか神であるとか、どこにも書かれていないのである。「道」を歩む者はとにかく最高の「善」とはなにか、いかにして人間として最高の「完全性」を手に入れるか、という「知」に餓えているだけである。

「観念」は認識内的に「並行」する

「方法」をめぐるスピノザの議論を図式的に整理してみたい。反省するだけでよい、観念の観念をもつだけでよいと言っているのだから、「方法」は一見単純に見える。しかしなぜそれだけでよいのかをめぐる『知性改善論』の議論は、実はかなり錯綜している。

スピノザはデカルト同様、観念にはそれ自体の実在性があると考える。ただ、『省察』のデカルトがそれを観念の「形相的実在性」と呼ぶのに対し、『知性改善論』のスピノザは「形相的本質」と呼ぶ。それ自体として実在性をもてば対象から切り離して理解可能な本質をもつ（§33）、というのが言い換える理由である。とにかく、観念にそなわっていて、それ自体として理解可能なものをスピノザは観念の形相的本質と呼ぶ。観念にはまた、デカルト言うところの対象的実在性、スピノザ言うところの対象的本質がある。どちらの名前で呼ばれようと、観念により思念された、つまり観念に表現されたかぎりでの「対象」であり、観念のそとにある現実の対象とは厳密に区別されている。とにかく、「観念＝形相的本質＋対象的本質」である。

ある観念①の形相的本質①は、それ自体として理解可能であるから、理解のために用いられる別の観念②の対象的本質になることができる（§33）。観念②は観念①の形相的本質①を自らの対象的本質にするとき、またそうするから、「観念の観念」である。「反省する」とは正確に言うと、このように、ある形相的本質を別の観念の対象的本質の位置に送る手続きにほかならない。

観念をめぐって、スピノザは三つの関係を区別する。まず「対象としてもつ」、「対象にする」という関係。「……について考える」ときに成立する関係であり、かんたんに対象関係（関係Ⅰ）と呼んでおこう。次に形相的本質どうしの関係（関係Ⅱ）、さらに対象的本質どうしの関係（関係Ⅲ）、という三つである。このうち対象関係（関係Ⅰ）だけが真理値（真か偽か）をもち（デカルト的「懐疑」の対象になるのはこの関係である）、関係Ⅱと関係Ⅲについてはもっぱら「どのような関係か」、すなわち「秩序と連結」しか問題にならない。観念を類比的に「語」と考えれば、関係ⅡとⅢは語の「意味」を決定する関係である（「意味」に真偽はない）。

『知性改善論』が「方法」を正当化すべく主張するのは、その関係ⅡとⅢの並行だ。『エチカ』Ⅱ部の並行が、思惟属性と延長属性のあいだの存在論的並行であるとすると、こちらの並行は、思惟内部に限定された、二つの「本質」のあいだの並行である。「対象的本質は形相的本質に全面的に合致すべきものである」（§41）という命題における「全面的に」は、ゲルーを受け継ぐ現代の研究史においてそう解されてきた（アレクサンドル・マトゥロン、ジル・ドゥルーズなど）。ゲルーにならってそれを認識内的並行と呼んでおこう（ドゥルーズでは認識論的並行）。存在論的並行が「実体」の本性から導かれるあくまで「実体」の規定である――ゆえに存在論的である――のに対し、認識内的並行は一つの「属性」内部に、「反省的認識」の本性にしたがって見いだされるべきもの、すなわち認識内的な証明を要する規定である。

先の観念②は自らの内部に、形相的本質①と②の関係Ⅱを取り込んでいる。同じことだが、一つの関係Ⅱが、一つの観念②を構成する関係Ⅰに重ね合わされている。とにかく反省はこのように、「横」の関係Ⅱを「縦」の関係Ⅰに折り重ねる。ここで形相的本質②を対象的本質とする観念③を導入してみよう。同じ理屈により、観念③は自らを構成する対象関係に、形相的本質②と③の関係Ⅱを取り込んでいる。あるいは一つの関係Ⅱを自らの関係Ⅰに折り重ねている。すると、観念②の対象関係を構成するようになっていた形相的本質①と②が、観念②と③の対象的本質②と③になっている。

二度の反省により、関係Ⅱが関係Ⅲの位置に移っている。関係の資格を変更している。反省によっても、関係Ⅱと関係Ⅲのあり方、それぞれの「秩序と連結」はなにも変わらない。もしそこに変化が生じるなら、反省すること自体が反省対象をとりまく関係を、したがって対象の「意味」を変質させてしまうことになり、反省など不可能かつ無意味である。にもかかわらず、関係Ⅱは関係Ⅲに変わっている。ということはつまり、両者は最初から同じであったのでなければならない。要するに、実は一つの関係／「秩序と連結」が、反省を反復しても、出現するレベルを形相的↓対象的↓形相的↓……と移動していくだけだ。移動の結果、二つの「本質」の並行が浮き彫りになる。反省の反復は、形相的本質と対象的本質が実は最初から「全面的に

いても、だ。

合致」していたと遡行的に教えてくれる。関係IIと関係IIIが具体的にどのような中身をもって

「観念」は「霊的自動機械」である

複雑なわりには、それでなにを言ったことになるのかと首をかしげたくなるような議論であるけれども、そのポテンシャルは対デカルト関係において甚大である。ここでの整理が正しければ、認識内的並行は最初の観念の真理値を棚上げにして、認識を前進させている。最初の観念が真であろうと偽であろうと、並行そのものは成立するのである。すると、どうなるか。

いま、対象的本質のあいだの関係IIIが「より完全である」という量的差異の関係だとしてみよう。ある観念により思念される本質が、別の観念により思念される本質よりも完全である、と。たとえば動物の知性より人間の知性のほうが完全である、というような。ならばそれぞれの観念の形相的本質——動物という観念の形相的本質、人間という観念の形相的本質——のあいだの関係IIにも、「より完全である」という関係があることになる。観念に、観念としての本質にかんする優劣、量的差異があることになる。すべての観念は観念として平等である、同じ資格で観念である、ということにはならないのである。

観念がすべて意識に由来すると考えるデカルト派にはとうてい容認できないだろう。彼らに

とって、観念はすべて同じように不完全であるから、懐疑が必当然のものとして要請された。ところがスピノザにとっては、「もっとも完全な存在」を思念する観念は、観念それ自体として、すなわちその形相において、「もっとも完全」なのである。「観念は、それがある対象のもつより大きな完全性を表すものであれば、それだけ完全なものである」(§108‐8)。観念の完全／不完全がなにを意味するか明らかでなくとも、まして完全性と真理性のつながりを想定しなくとも、これは成立する。

あるいは関係Ⅲが因果関係だとしてみよう。原因と結果の関係にあると分かった二つの外的対象を、二つの観念が思念‐表現している、と。言い換えれば、原因の観念の対象的本質は、結果の観念の対象的本質の原因である、とすでに確かめられている。認識内的並行によれば、原因の観念の形相的本質もまた、結果の観念の形相的本質の原因であるはずだ。さらに、「形相的本質＋対象的本質＝観念」であるから、原因の観念は結果の観念の原因である、とたしかに言える。原因の観念は結果の観念を「生む」、と。

これはとんでもない主張だろう。ものごとの「第一原因」、「万物の原因」の観念を立てれば、原理上どのような「もの」についても「知る」――真なる観念をもつ――ことができると言っているのだから。スピノザは現にそう言っている。そうした観念の「対象的本質が、われわれのもつすべての観念の原因である」(§99)。「もの」こそ生まなくても、その観念はまるで言霊ではないか。

因果関係をめぐって反省する主体は、そもそも、目の前の結果から原因に遡ろうとしている。しかし観念の反省によって原因が特定できるわけもない。すでに引いたように、スピノザも「方法とは、事物の原因を理解するために推論すること自体ではなく、まして事物の原因を理解することではない」(§37)と言っている。それでも、ある「原因→結果」が特定されれば、主体は結果の観念①を反省して、原因の観念②を「観念①の観念」として定義することができる。スピノザによれば、これはものごとを「定義」する正しい仕方である。「定義はそのものの最近原因を含まなければならない」(§96-1)。さらに「結果を認識するとは原因についてより完全な認識を獲得することにほかならない」(§92)。この定義の仕方を守っていけば、認識内的並行は、結果の観念が原因の観念を「生み」続けることを保証するだろう。反省によって結果から原因に遡っても、「古人が真の学問は原因から結果へと進むと称したことと同じである」(§85)。認識内的並行は、原因と結果を同値／入れ替え可能にするのである。一つの結果の原因を知ることができれば、原理的にすべての原因、「万物の原因」を知ることができるうえに、「万物の原因」の観念にはすべての原因を認識させる力がある、と請け合うのだ。認識内的並行は一個の「霊的自動機械」(§85)を出現させる。どの一点から出発しても因果連鎖の全体をたどることのできる機械、「いっさいの観念を一つの観念に還元する」(§91)機械である。

つまり、最初の観念が真であろうと偽であろうと、「観念」全体と「もの」全体の一種の「並行」は、「霊的自動機械」と化した「観念」だけから成立する。しかしこの「並行」は『エチカ』Ⅱ部定理七が主張する「同じ」と同一だろうか。最初の観念が偽であっても、この一種の「並行」はいわば一貫した世界認識を可能にする。しかしそれは、全体として誤った認識ではないのか――最初のボタンをかけ違えれば、かけ違いがどこまでも続く。認識内的並行はそのまま、誤った世界認識でもそうかんたんには崩れないメカニズムになる――最初のボタンをかけ違えても、かけ違いはどこまでも続きうる。「神即自然」の汎神論が「もっともらしい仮説の域を出ない」と宗教者たちが非難してきた理由も、ここに求められるだろう。

　最初の対象関係が真であれば、認識内的並行はそのまま存在論的並行になる。二つの並行は同じになる。それを『知性改善論』における認識内的並行の証明は証明している。「われわれは実際、真なる観念をもっている」という命題、とりわけ「実際もっている *habemus enim*」という判断の意味と重みが十全に理解されるだろう。それは来るべき「存在論」の「認識内的」代理だ。最後に現れるべき「唯一の実体」を先取りしている。「実際 *enim*」は、デカルトが行った「考える」の反照的二重化――*videre videor*――による真理の保証を退けるべく置かれているのに、それ自体として二種類の並行を相互反照的に二重化しているのである。そういう機能を「実際」の一言が方法論的に果たしている。『知性改善論』にも反照的二重化はあるわけだ。実際、同書には、「われわれ」がまだ「唯一の実体としての神」に到達していないというのに、存在論的並行もまた唐突に登場する。「観念が想念的にあるあり方は、その観念される当のものが実在的にあるあり方に同じである」(§4)。

徴候的読解はスピノザを批判する――「労働力」の「価値」

スピノザの方法を自らのマルクス読解に適用するにあたり、『資本論を読む』のアルチュセールはこの点をはっきり意識している。スピノザが「われわれ」に反省させるのは「観念」であるのに対し、アルチュセールがマルクスに見いだす反省は、特殊な反照的二重化なのである。反省も反照もフランス語では réflexion であり、アルチュセールはつまり「観念」ではなく、「観念」を「実際にもつこと」に含まれる「反省＝反照」を反省＝反照しようとする。「観念の観念」ならぬ「反照の反照」だ。「観念の観念」が「科学＝哲学」に入る方法であるとすれば、「反照の反照」はあくまで「哲学」を取り出す方法である。その方法が「徴候的読解」である。

今度はアルチュセールの方法を整理してみよう。

徴候的読解の範例をなすのは、マルクスがアダム・スミスの「価値」概念を「読み」、自らの「労働力の価値」概念に変容させるプロセスである。とはいえ、スピノザにおける「真なる観念」に相当するマルクス的反省の出発点をなすのは、スミスが「価値」概念を練り上げるために反省した「価格」である。アルチュセールは、図式的に記すと、「価格」(↓労働の価格)↓「価値」(↓労働の価値)↓「労働力の価値」、という概念の変化ないし深化に、スピノザの「反省的認識」の方法を重ね合わせようとする。

アダム・スミスの問いは、賃金という「労働の価格」がいかにして決定されるか、であった。スピノザ流に言えば、この「価格」の原因をスミスは理解したいと思っている。スミス以前、経済学がまだ存在しなかったころにも、「日常生活」(「序文」)はすでに一つの解答を与えていた――「価格は需要と供給によって決まる」。

これは市場を経験的に観察した結果であるから、アルチュセール的に言えば「「経験的」諸実践のイデオロギー的生産物」(一般性Ｉ)による解答である。とはいえ、そこに特に誤りや不都合があるわけではないだろう。賃金は現実に労働需要と労働供給の関係によって変動し、その都度一定の水準に落ち着く。商品一般をめぐる経験則は労働にかんしても「需要と供給による価格決定」という一般〈理論〉を裏切らない。しかし価格変動が停止したら？　変動する市場価格の重心はなぜそこに決定されたのだろうか。この重心は労働の「自然価格」と呼ばれたりもするが、それが「自然」である理由は？　答えは「一般性Ｉ」の〈理論〉のなかにはないだろう。結果としての価格を説明する原因の観念を、「価格」の概念は含んでいないのである。

そこでスミスは「価値」の概念を導入した。「価格」を「対象」の観念とみなし、その「観念の観念」かつ原因の観念として、「価値」を置いた。古典派経済学による、「市場の日常経験」から「価値の理論」への「地盤変更」(「序文」)である。

「価値の理論」に「一般性II」として「労働の価値」をこう説明する。「労働の価値は労働の維持と再生産に必要な生活手段の価値に等しい」(「序文」によるスミスの定式)。この「価値」を重心に「価格」は変動する。「価格」の偶然的変動を導く必然的原因を「価値」とし、その「価値」の原因を「労働」とする新しい〈理論〉にもとづき、スミスは賃金を演繹したのである。労働→価値→労働の価値(=自然価格)→労働の市場価格、という「原因→結果」系列を、スミスは価格=結果を反省して手に入れた。

原因と結果はスピノザ的方法においては入れ替え可能であったから、スミスの定式はこう書き換えても同じであるだろう――「賃金は賃金によって買える商品の価格に等しい」。これでは必要な生活手段を労働者は買えないかもしれないではないか、という疑問が当然のように生じる。しかし、原因(価値)と結果(価格)が入れ替え可能なら、原因としての「必要」は結果としての「買える」とも入れ替え可能であり、買えるもの、買えたものが必要なものである。スピノザの方法論的規範に照らせば、書き換えはあくまで正しいのである。それでも「賃金は賃金によって買える商品の価格に等しい」という命題は自明であり、なにも言っていないに等しいだろう。Xポンドの賃金はXポンドの商品と交換されると言っているだけだ。そのXポンドがいかにXポンドに決定されたかについては沈黙している。「一般性Ⅰ」の〈理論〉に含まれる沈黙――答えの不在――が更新され、移動してきただけである。

マルクスはそれを「徴候」として受け取り、スミスによる「地盤変更」にさらなる「地盤変更」を加える。マルクス経済学のテイクオフを告げる、「労働の価値」の「労働力の価値」への置き換えである――「労働力の価値は、労働力の維持と再生産に必要な生活手段の価値に等しい」。

一見なにも変わっていないように思える。しかし、これが語っているのは、労働者は自分の労働が生産した価値のうち一部しか受け取らない、ということだ。賃金の額ではなく搾取(とその率)を問題にしている。XポンドがいかにしてXポンドに決まるか、ではなく、Xポンドはどれくらいの搾取(率)を表示しているか、を問うている。問い自体が変わっているのである。対する答えは、Xポンドの労働力がYポンドの価値を生産するなら、$\frac{Y-X}{X}$(搾取率の定義)であろう。XとYの絶対値は答えとして重要ではない。賃金は搾取(率)によって決定され、変動する。結果としての賃金とその変動の原因は搾取であると理解される。

スミスの答え(労働の価値)は、スミスが立てた問いに対する答えとしては「虚ろに響く」(「序文」)けれども、マルクスはそれをいまだ立てられていない問いに対する答えとして受け取り、その答えのほうから逆に問いを構成した。「答え＝結果」から独自の反省により「問い＝原因」

の認識を獲得したのである。スピノザ的に正しく結果を認識したのである。再び引いておこう――「結果を認識するとは原因についてより完全な認識を獲得することにほかならない」(§92)。

『エチカ』も同じ規範を「公理」として立てている――「結果についての認識は原因の認識に依存し、その原因の認識を含む」(I部公理四)。しかし、規範／公理どおりに認識しても、結果と原因が入れ替え可能であるかぎり、反省は自明性の同語反復でしかない。それをマルクスによる反省的認識は浮かび上がらせている、とアルチュセールは考える。

三　神の背中――哲学と宗教

認識は「〈見る〉と〈見ない〉の有機的混同」を運ぶ

なにかがおかしい。反省によって結果を正しく認識したマルクスにおいて、「観念」から「観念の観念」へと送られているのは、真実性ならぬ一種の空虚だ。なにも言ったことにならない同語反復の空虚。原因と結果の、すべてを理解させてくれるどころか、なにも理解させてくれない入れ替え可能性。なんの不都合もない、その意味でどこにも間違いのない「正しい」、「充実」した定式に含まれる沈黙、空虚。それが「真」の代わりに、しかし「偽」としてでもなく、つまり真理値そのものの代わりに、「観念」(価格)から「観念の観念」(価値)へと受け渡されている。

「観念の観念の観念」(搾取)は、ようやく出現した真に充実した原因観念と思えるものの、アルチュセールはあらかじめ告げていた。この科学的充満——科学として充実すること——は、哲学的空虚——哲学の不在——にほかならない、と。まるで直截なスピノザ批判であるかのような命題を、「序文」のアルチュセールは書きつけている——「科学はそれが知っているものよりは、知らないものによって生命を保つ」。スピノザが『エチカ』において「知性」を「精神の眼」と呼んでいることを想起すれば、明確にスピノザ批判である命題さえ——「場のなかに存在するものを見るのは、厳密には眼(精神の眼)ではない」。

『資本論を読む』のアルチュセールの対象は、スピノザとの関係においては、この空虚にほかならない。そしてこの空虚を生む構造を、彼はこれも実はスピノザにならって、特殊な反照的二重化にほかならないと見定めている。

「古典派経済学が見ていないものとは、それが見ていないものではなく、見ているものである。古典派経済学に欠けているものでなく、反対に欠けていないものである」(「序文」)。アダム・スミスは「価値」をたしかに「見て」いた。「日常生活」が「価格」をたしかに「見て」いたように。しかしスミスは、「価値」に現前している「搾取」、結果に内在する原因を、「見て」いなかった。なぜそれが見えないのか？　現前／内在しているから、入れ替え可能なほど完璧に結果と一致しているからである。両者を隔てる実在的なものがないからである。スピノザの言う、観念のなかにあって真と偽を区別させてくれるなにか実在的なもの、真理の「徴証」がないからである。

この構造をアルチュセールは「〈見る〉と〈見ない〉、見えるものと見えないものの有機的混同」、あるいは「有機的つながり」と呼ぶ。またあるいは、たんに「見そこない bévue」と。〈見(え)る〉と〈見(え)ない〉の反照的二重化である——「見そこないとは、見ているものを見ないことである」。「〈見る〉と〈見ない〉の必然的かつ逆説的な同一性を理解すること」が、「純粋状態におけるわれわれの問題」である。

デカルトの「見る」をスピノザは「知る」と言い換えたが、アルチュセールはそれを「見る」に戻したうえで、「見ていることを見ている *videre videor*」の代わりに、「見ていること／ものを見ていない」を置く。スピノザ的に言い換えれば、「知っていると知らない」、「知っていること／ものを知らない」だ。それが反省の「最初 *prius*」にある。デカルトとスピノザは「見る／知る」とその反照のどちらに真実性があるのかを争った。しかしアルチュセールは「見る」と「見ない」、「知る」と「知らない」を同じにする réflexion(折り重ね＝反照)を「最初」に置く。それが真実性の代わりに、反省のたびごとに後続の概念に受け渡されていく。そのことをスピノザの方法とそれが含意する認識内的並行は保証している。

だからアルチュセールは、スピノザが間違っているとは言っていないのである。「真なる観念」のもとにも反省＝反照はある、と彼は言う。しかしそれがあるからといって、後続の反省プロセスにおいて生起することはなにも変わっていない。偽を真に替えたのであればなにかが変わっているはずであるのに。最初にあるものは、スピノザの言うとおりそのまま維持－反復されていくだけだ。アルチュセールはあくまでスピノザを解釈しているにすぎない。

はじめに確信／確実性ありき――哲学と宗教の区別と同一性

この解釈はすでにスピノザによって行われていた、とも言える。アルチュセールはそう『知性改善論』を読んでいたはずだ。反省的認識のはじまりを告げる同書§33の冒頭を詳細に眺めてみよう――「真なる観念 *idea vera*（われわれは実際 *enim*, 真なる観念をもっている *habemus*）は……」。「真なる観念」そのものを「実際 *enim*」の語を橋渡しにして「われわれは真なる観念をもっている」と言い直している。図式的に記せば、「真なる観念」＝「われわれは真なる観念をもっている」。おかしな等値にも思えるが、「われわれ」の「もっている」観念が真であるとただ強調したいわけではないだろう。なんらかの「真なる観念」を口にするとき、「われわれ」はそれをすでに／現に「もっている」から口にしている、といった続き具合、言い直しである。
『知性改善論』の二つの代表的仏訳は、この「理由」のニュアンスを前面に押し出し、*enim* を car（「というのも」）と訳している――「真なる観念（というのも、われわれは真なる観念をもっている）は……」。日本語の「実際」により近い en effet と *enim* を訳すのはアルチュセールであり、彼の訳語選択は、*habemus* に *idea vera* を裏打ちさせる（そのニュアンスを前面に押し出す）――〈真なる観念、言い換えると、真でありもっている観念〉。「実際 en effet」の一語に、「もっている *habemus*」の事実性と観念 *idea* の真実性を並置させるのである。事実性と真実性は、どちらがどちらの理由や根拠であるのではなく、一つである真実性の分割として、その真実性を構成するような関係に置かれている。

「もっている」の事実性は、「われわれ」にとってはそのまま確実性 *certitude* であるだろう。デカルトは「私は考える、ゆえに私は存在する」の事実性と確実性、それと同じである「私は見ていると見ている *videre videor*」の事実性と確実性に、私が考える内容の真実性を保証させた。それに対しアルチュセールの目に映るスピノザは、真実性と事実性や確実性は最初からともにあると言っている。「われわれ」が「もっている」のはその両方だ、と。

スピノザは現にこう記している――「確実性とは対象的本質そのものにほかならない」、さらに「確実性と対象的本質とは同じものである」（§35）。外的対象について観念をもちさえすれば、「われわれ」は対象について「知っている」と確信 *certitude* してよい、と言っているのである。真なる観念をもつことと確信することの「同じ」、どちらにどちらを根拠づけさせるのではない並置を、スピノザは反省的認識のはじまりに見ているわけだ。はじまりに「真」と「信」の区別と同一性を置いた、と言ってもいい。真理値(真であるか偽であるか)を棚上げにする認識内的並行の議論とは別に、かつそれと同時に、『知性改善論』のスピノザは、「真」や「知」と「信」を、相互に違うけれども同じとみなす、といわば密かに宣言しているのである。デカルト派にしてみれば、そんな馬鹿な！　であろう。スピノザよ、あなたはただ信じればいいと言うのか、懐疑するなと命じるだけなのか。

どれほど馬鹿げた主張に思えようと、これはスピノザによる聖書読解の中心をなす論点である。真／知／理性と信(仰)、つまり哲学と宗教は、さしあたり共通するものをなにももたない――「啓示による知は、内容的には(神への)服従以外のなにものでもない。それは自然の知(自然認識)とは対象も、根拠も、手段もまったく別である」(『神学政治論』序文)。にもかかわらず、両者は最終的に同じことを言っている、その意味で同じものである、と『神学政治論』のスピノザは読者を説得しようとする。哲学者と神学者や信仰者が一つの共同体のなかで共存するため、哲学する自由を教会から脅かされないために。神を持ち出せば、話はかんたんであるだろう――「神の知性と神の意志は同じものなので、神がなにかを知っていると言おうと、神がなにかを意志していると言おうと、主張の内容は変わらない」(第六章三節)。では人間の立場から、「知」と「信」の同じをどう言えるか、それをどう「知る」ことができ、どう「信じる」ことができるか。

すでに取りかかりはじめていた『エチカ』の執筆を五年間も中断して、スピノザが『神学政治論』を執筆した歴史的・政治的目的については最終章で立ち返ることにするが、徴候的読解というアルチュセールの方法との関連で確認しておくべきは、スピノザが同書において、『知性改善論』の「方法」を聖書に適用している、という点だろう。「聖書を解釈する方法」について、彼は言う——「聖書自体が明白きわまりない形で教えていないようなことは、なに一つ聖書について主張しないし、聖書の教えと認めない」。すなわち、聖書のみを根拠に聖書を理解する。聖書を規範にして聖書を読む。観念を観念に折り重ねる/反照させる「反省的認識」の方法だ。『知性改善論』を想起すれば、「観念」を「聖書」に置き換える意味が理解されるだろう。方法の有効性は真理値を棚上げにしても失われないのである。というか、それを棚上げにしても「万物の原因」という結果にたどり着くことができる、と保証するところに方法の戦略的な意味はあった。聖書の伝える個々の内容、とりわけにわかには信じがたい数々の預言や奇蹟の真実性をひとまず脇に置いても、信仰の道は哲学の道と同じゴールに通じている、と、後者の道を正当化する議論がすでに証明してくれているのだ。信仰の道の出発点に立っている

「われわれ」もまた「真なる観念」をもっている、と考えていけない理由はなにもないし、方法はその観念の真実性を最初に問う――懐疑する――必要はないと請け負っている。

神の背中を見る

しかし、スピノザがそのように聖書を読んだとして、聖書におけるなにに、哲学と宗教の区別と同一性は帰せられるか。方法を明示したあと、すぐに続けて彼は言う――「こういう注意(＝聖書だけから聖書を読む)を払いつつ、(……)私はなによりまず、預言とはなにかを探りはじめた。神はどのような形で自らを預言者たちに示したのか」。問題の解決を、スピノザはなによりも「預言」という「啓示による知」に求めようとしている。証明による「自然の知」は「啓示による知」に等しい、と「預言」に言わせようとするのである。

預言者の範例はもちろんモーセである。スピノザは記す――「聖書ははっきり、神は目に見える姿をもっていると指摘している」(第一章一三節)が、「神はモーセにいかなる映像でも現れなかった」(第二章一五節)うえ、モーセにこう告げた。「私を見て生きているものはいない」(出エジプト記)。モーセは神が見えると信じ、姿を見せてくれと神に懇願したけれども、「神が彼に語りかけるのを聞いたとき、モーセは神の後ろ姿だけを見て神だと覚った」(第一章一三節)。語られた内容(「十戒」)のことはさておこう。「神はどのような形で自らを預言者たちに示したのか」という序文の問いに対する答えは、顔を見せず、背中越しに声を聞かせた、である。神の背中は、アルチュセールの言う「〈見る〉と〈見ない〉、見えるものと見えないものの有機的混同」そのものではないか。同じ「混同」を彼は「〈見る〉への〈見ない〉の折り重ね reflexion」とも呼ぶ。モーセは背中に折り重ねられた〈見ない〉を、背中として〈見る〉。神の背中は、見えている〈見えない〉だ。背中という形象は、「〈見る〉と〈見ない〉、見えるものと見えないものの有機的混同」という、それ自体は見えようもない抽象的ことがらを具体的に見せている。『神学政治論』の預言(者)論はまるでアルチュセールの徴候的読解の例解のようだ。もちろん真相は逆であって、アルチュセールが徴候的読解の範例を、おそらくフロイトやマルクス以上にモーセに見ていたということだろう。少なくとも、徴候的読解はアルチュセールによる『知性改善論』と『神学政治論』の読解でありえている。それも、『神学政治論』を『知性改善論』の読解に批判的に用いる——「知る」も反省 réflexion だ!——というアクロバティックな読解である。

神の背中は、

(1)見える背中と見えない顔を分けることで、〈見る〉と〈知る〉を区別するよう促す。「現に見えないものはただ思惟の対象であるのみであり、証明という目を通してよりほかに見ることができない」(第一三章六節)。想像力 imagination に制約される身体の眼と、もっぱら知性的に働く「精神の眼」が峻別される。そのかぎりで「精神の眼」による〈見る〉は一種の比喩の地位に転落する。二つの眼の非区別が対デカルト関係においてはむしろ積極的に活用されたのに。スピノザはやがて「精神の眼」を「証明そのもの」と規定することになるだろう――「ものを見たり、観察したりする精神の眼は証明そのものである」(『エチカ』V部定理二三注解)。「神の本性」がそこに「見て」取れるはずの神の顔は、「証明」――認識／知性／理性――によってのみ接近可能であり、身体の眼と想像力には見えない＝知りえない。キリストと預言者の差異もそこにかかわる。キリストはいわばスーパー哲学者として、神の顔さえ「見る」必要のない「人」である。「キリストには(……)神の思し召しが言葉も映像も介さず、直接に啓示された」(第一章一八節)。「キリストと神はむしろ心と心でつながっていたのである」(同一九節)。それに対し預言者の場合、「啓示は預言者たちの想像力のみに由来する映像によって行われる」(同一五節)。

(2)それでも「見える」。モーセはそれを見たばかりか、論証的知性か神との直接交信によってしか接近できない見えないものがある、ということをそこに見た。つまり〈見る〉と〈知る〉の絶対的な差異を「見た」。この「見る」はあくまで想像力／身体の「見る」だ。預言は「想像力のみに由来する」映像と言葉によって行われたのである。すなわち、〈見る〉と〈知る〉の差異は〈見える〉。それを「見る」能力を預言者たちはもっている――「預言者たちは並外れた知力をもっていたのではなく、並外れて活発な想像力をもっていたのである」(第二章一節)。神の背中はこの過剰な想像力の実在を証示するだろう。ただしあくまで、見えないものまで見えるという――知性に等しい――過剰さではなく、見えないものがあると見える程度の過剰さである。モーセに背中を見せることで、「神はモーセの考え(＝神は目に見える)に合わせた。神の本性は目に見えることと矛盾するとは言わず(実際には矛盾するのに)、人間の弱さゆえに人間には神が見えないと告げた」(第二章一五節)。

想像力のこの過剰な部分が預言の本質をなし、その本質は、知性によってのみ接近可能な「真」と、想像力が与える「見た」という「確信」を分節することにある。スピノザは「神を見た」という預言者たちの証言を無条件に信用している。この「見る」を比喩だと主張する学者たちによれば、「ひとが目覚めた状態で本当に天使を見られたわけがないということなのだが、それこそ余計な詮索というものだろう」(第一章一四節)。「預言の知」はあらゆる人間に共通する能力の「限界を超えて広がる」のであり、「それ自体として考察された人間本性の法則によっては説明されえない」(第一章二節)。

しかし、並外れていようと想像力の働きによる以上、「神を見た」というイザヤ、エゼキエル、ダニエルたちの証言には、誤解もまた含まれていたかもしれない(「偽なる観念は(……)想像力に由来する」『知性改善論』§84)。というのも、モーセのように背中しか見なかったとは書かれていないのに、どうして彼らは神を見たあとも生きていられたのか。彼らは神と顔と顔を突き合わせたのか？　また、聖書によってさえ、彼らはしばしば預言の内容を理解していなかったとされる。彼らはときにわけも分からないまま、見た、聞いたことを人々に伝えたにすぎない。つまり預言の事実性は、内容の真実性も内容そのものも超えたところに置かれているのである。無条件の確信をもたらす想像力の過剰さが、真理を「知る」のは想像力ではなく知性である――それを「見る」のは「精神の眼」である――という確信を支える。「見た」という確信が、まだ「見ていない」という確信もまた可能にするのである。

四　「われわれ」は「狂って」いる

イデオロギーが「真なる観念の形相」を与える

はじめに預言ありき。なにを見たのかはあとからしか問題にならず、それが問題になってようやく真偽の区別も問える「確信 *certitude*」が、『神学政治論』においては、方法の最初の適用の結果として取り出される。『知性改善論』における「真なる観念」の位置に据えられる。だとすれば、この確信、想像力の過剰さこそ、観念のなかにあって真と偽を区別させる「実在的なもの」(§70)、「真なる観念の形相」(§71)と言うべきではないのか。「〈見る〉と〈見ない〉の有機的混同」という構造のなかには、それはない。それがこの「混同」をもたらすからである。もたらしたあと、並外れた〈見る〉力はありふれた〈見る〉力に変わっている。あるいは戻っている。『資本論を読む』のなかには、それは登場しない。同書のアルチュセールはあくまで「有機的混同」の命運を問題にするからである。

けれども、例のイデオロギー論文(「イデオロギーと国家のイデオロギー装置」一九六九)では、たしかに事実への確信が「真なるもの」の出所だとされている。有名な場面である。

われわれはみな友人をもっているが、彼らがドアを叩くとき、われわれは閉じたドア越しに「誰ですか?」と訊く。友人は「私です」と答える(というのも「それは自明 évident である」から)。事実 De fait, われわれは「それは彼女である」とか「それは彼である」と見分ける reconnaître. われわれはドアを開ける。そして「そこに彼女がいたことはほんとう vrai である」。

警官が毎日やっている類の呼びかけを思い浮かべてみるといい。「おい、そこのおまえ!」(……)呼びかけられた個人は振り向くだろう。(……)なぜか。なぜなら彼は呼びかけが「まさしく bien」彼に向かってなされており、「呼びかけられたのはまさしく彼である」

（ほかの人間ではない）と承認したからである。

「イデオロギーは個人に呼びかけて主体にする」という主体化の機能ばかりに焦点が当てられる二つの場面であるが、これら二つの「具体例」――とアルチュセールは言う――に続けて、彼が聖書の記述を引いている――かなり変形して――ことは、それほど注目されてこなかった。

このとき主たる神（ヤハウェ）は雲のなかからモーセに語りかけた。そして主はモーセに呼びかけた。「モーセよ！」モーセは答えた。「はい、ここにいるのは（まさしく）私です！私はあなたの召使い、モーセです。話してください、私は聞いております！」そこで主はモーセに語りかけ、「私は在りて在る者」と仰せられた。

主体化については次章であらためて問題にしよう。ここで注目したいのはまず、なにげない「具体例」に、アルチュセールが『神学政治論』の預言者論の構図をほとんど抽象化して凝縮させている点である。はじめに「事実」の承認 reconnaissance（「自明 évident である」との認定）があり、「真」はそのあとに続く。「事実 de fait」は *enim* を「実際 en effet」より強く事実性に重点を置いて翻訳した語句と読める。「まさしく bien」と自答する――ほかの人間ではないかとは問われていないのに——確信 *certitude* が「私」を振り向かせる。「私」に神の声を聞かせる。
さらに、「事実」にはイデオロギーの構成要件であり、イデオロギー的であることの範例に預言である点。主体化論としてのイデオロギー論については、呼びかけられて振り向くというそんなかんたんな動作ないし手続きで、権力に従属する主体はできるのか? という批判が早くから提出されてきた（主体 sujet には「臣下」という意味もあり、アルチュセールはこの両義性を強調する）。けれども、預言の事実がスピノザ的「反省的認識」の、したがってマルクス主義的「認識生産」の出発点にある、と上記三つの例解を読んでみると、かんたんどころではない含意がすぐに理解されるだろう。『資本論を読む』のアルチュセールは、「認識」の出発点が「劇的で労苦に満ちている」ことを、序文の最初のほうですでに告げていた。もう一度読んでみよう。

こういう言い方をしてどれほど逆説的に聞こえようとも、強く主張できる。人間の文化史のなかで、われわれの時代はいつか、最高に劇的で最高に労苦に満ちた試練によって際だつ時代であった、と見えるかもしれない。すなわち、見る、聞く、話す、読むといった生存のもっとも「単純な」身ぶりの意味を発見し、学んだ時代。それらの身ぶりは人間を自らの作品と関係させるけれども、作品は人間の喉元で反転して彼らの「作品の不在」になる。

「われわれの時代」とは、マルクス主義者アルチュセールの理論的野心からすれば、イデオロギーを発見する時代であったろう。そのイデオロギー論は、「もっとも「単純な」身ぶり」が「われわれ」にとってもっとも単純なものでありうるためには、神の声が聞こえる「預言者＝狂人」にならなくてはいけない、と告げている。認識のはじまりは「最高に劇的で最高に労苦に満ちた試練」である、と。

「アミアンの提説」(一九七五)のアルチュセールは、スピノザの言う「われわれは実際、真なる観念をもっている」における「真なる観念」が「どこからわれわれのところに来るのか？」と問うている。そしてその問いは、「認識」が「真なる観念」からはじまること、真実性をデカルトのように問う必要がないこと、とは「まったく別問題である」とだけ答えている。つまりその「別問題」には答えていない。イデオロギーから来る、というのがイデオロギー論文を書いた――「真」は主体が振り向く「事実」の結果であると述べた――アルチュセールの答えであるだろう。しかしそのように答えるだけでも、問題の強いる「労苦」がいまや理解できる。認識はイデオロギーから出発せざるをえないと述べるにはなんの「労苦」も必要ないかもしれないが、イデオロギーにこそ「真なる観念の形相」が含まれていて、それは真偽も内容も圧倒し不問に付す異常な「確信」にほかならないとしたら？

「もっとも単純なもの」は、『資本論を読む』においてアルチュセールがスピノザに対しもっとも批判的な目を向ける論点にほかならない。スピノザにとっては、「観念がもっとも単純なものの観念であるならば、それは明晰で判明なものでしかありえない」(§63)。「虚構は単純なものではありえず」、諸観念を「複合する」ところから生じる(§64)。「真なる観念は単純なものであるか、単純な諸観念から複合されている」(§85)。反省的認識のはじまりに置かれる「真なる観念」が単純なものか複合されているかどうかはさておき、「もっとも単純なものの観念」から反省をはじめれば、それだけで到達地点において得られる観念の真実性が担保されることになる。

アルチュセールはこのスピノザに、マルクスの『経済学批判序説』第三章「経済学の方法」に対する彼の批判を振り向ける(『資本論の対象』)。マルクスは「人口、国民、国家」などの「生きた全体性」から出発する方法を退け、まるでスピノザをなぞるかのように、「単純な観念」から出発することを「明らかに正しい科学的方法」とみなした。マルクスにとって「単純な観念」とは「労働、分配、貨幣、価値、等々」であるのだが、そうした具体的中身はアルチュセールにとって重要ではない。彼はマルクスの方法そのものに「徴候的沈黙」を読み取る。沈黙は「最初の抽象(「観念」と読んで差し支えない)について語る」マルクスに発見される――「「直観と表象」はその純粋さのままで、これらの抽象の生《なま》の材料に見えるが、この材料の身分

（未加工の材料なのか、それとも加工された原料か）についてはなにも述べられない。この沈黙の空白のなかに（……）問いの不在が確認される」。

「最初の抽象とはなんなのか」をマルクスは問うていない。やがてスピノザに向かって発せられる「真なる観念はどこからわれわれのもとに来るのか」という問いが、明白な批判としてマルクスに向けられている。それを問わなければどうなる？　マルクスの方法は観念と事実の「一致」を素朴に信じるヘーゲル的経験主義と変わらず、「ガリレオの「世界という偉大な書物」へのノスタルジー」に回帰する（本書第二章）、それがアルチュセールの答えだ。ではスピノザについては？

「狂って」いるから振り向き、「原因」を認識する

なぜイデオロギーからの呼びかけに振り向くのか、なぜ神の召命を求め預言を信じるのか、最初の真なる観念はどこからわれわれのもとに来るのか、これらは一つの同じ問いとして、マルクスとスピノザを同時に読むアルチュセールの目をたえず「むずむず titillé」（「序文」）させている。この表現は、古典派経済学を読むマルクスが感じているとアルチュセールが読み取った違和感の形容であるのだが、マルクスとスピノザを読む彼の目は明らかに、これらの問いが一つの同じ問いとして明示的に立てられないことに「むずむず」させられている。問いが立てら

れないとは彼にとり、すでに見たように、原因の認識をともなわずに結果の認識だけがぽつんとある——価値論なき価格論は「虚ろに響く」——状態にほかならない。問いの構成を通じて理論の「地盤変更」を促さずにはいない状態である。

イデオロギーについても、ひとまず結果だけは彼の目に鮮明に映っている。イデオロギー論文から、これも有名な一文を引いておこう。「イデオロギーは外部をもたない(自らにとって)、しかし同時にイデオロギーは外部でしかない(科学と現実にとって)」。呼びかけられて振り向く人は、呼びかけられたのはほかならぬ「私」であるから振り向いた、と思っている。言い換えれば、「私」の存在はイデオロギーの効果であるとは思っていない。けれども他人——外部の「現実」を代表する視点——から見れば、彼は振り向くかぎりで彼であるにすぎない。他人には、振り向いた人が呼びかけられた人だ。他人にはそうであることが、呼びかけられた本人には見えない。イデオロギーによって成立している「私」には、「私はイデオロギー的である」とはけっして言えないのである。

この構造もまた「〈見る〉と〈見ない〉の有機的混同」そのものだろう。「古典派経済学が見ていないものとは(……)見ているものである」のと同じように、イデオロギーの「なか」にいる「私」には、「なか」にいることが見えない。彼が見ているものはすべてすでに「なか」にあるから。『資本論を読む』のアルチュセールは、それを「見ている自分の視線／視界 vue は見えない」とも言う(「序文」)。この「視線」を見ることができるのは他人だけだ。構造論的には、『資本論を読む』からイデオロギー論文にかけて、アルチュセールにはなんの進化も変化もないのである。

だとすれば、スミスに向かうマルクスに「むずむずした目」を発見し、そのマルクスに――マルクスを通じてスピノザに――「むずむずした目」を向けたアルチュセールが、イデオロギー論文において、定式化し直したにすぎない構造に同じ違和を感じていなかったわけはないだろう。実際、彼はそこで、イデオロギーのこの自己「否認 dénégation」構造が「イデオロギーの諸効果＝結果 effets の一つ」である、と付言している。イデオロギー(の効果)の原因はイデオロギーである、と言ったのと変わらない。「賃金は賃金によって買える商品の価格に等しい」という命題と同じ同語反復である。一方において、原因は結果に内在する／原因は結果において不在である、とスピノザを持ち出して語りながら、他方、では「原因」――預言を信じる原因、真なる観念をもつ原因――はどこから来るのだ？　どこから来て結果のなかに消えるのだ？　とそのスピノザに向かって問わずにおれないアルチュセールが、自分の付言に「徴候的沈黙」を感じていなかったわけがない。イデオロギー論文を彼があえて未完の断片のまま公表した(本書第一章)のも、自分の「徴候的沈黙」を明示する一つの仕方であるにはちがいない。ここに「原因」の認識を認むるべからず……。

論文や著書の形にはならなかったとはいえ、アルチュセールにはその「原因」論があった、と言うことはできる。前章で少し紹介した、主として一九六二年に作成されたと推定されるスピノザ・ノートに、それは含まれている。それが一つの「論」にまとめられなかった理由は、最終的には、書くつもりであったスピノザ論が書けなかった理由とも重なり、詮索してもそれ自体としては好事家的興味を満足させるものでしかないかもしれない。それを詮索しなくとも、これまで跡をたどってきたスピノザを読むアルチュセールの反省プロセスは、すでに十分、「原因」のありかを指し示しているだろう。なぜ「われわれ」は呼びかけに振り向くのか。呼びかけられたからである。なぜ預言者は預言を信じるのか。神の後ろ姿を見、言葉を聞いたからである。最初の真なる観念はどこから「われわれ」のもとに来るのか。「われわれ」が「実際にもつ」異常な「想像力」からである。つまるところ、「われわれ」はみなモーセと同じ経験をしたことがあるから、「在りて在る者」に会ったことがあるからである。「われわれ」は「狂って」いるからである。

誰よりスピノザがそうだ、とスピノザ・ノートのアルチュセールは考えている。彼が自らのイデオロギー論とスピノザの想像力論を結ぶ要の位置に見いだしているのは、スピノザが語るある経験である。アルチュセールがそれを実際にどう読んでいるのかを見る前に、確認しておこう。

ある朝、空がすでに白みはじめたころ、私はある悪夢から目覚めました。すると、夢のなかで見た映像がとても生き生きと、まるで実在する事物のように眼前に残っているのです。特に、私がそれまで見たこともない黒人の垢まみれのブラジル人の映像です。映像は、私が気を逸らそうと目を本やほかのものに注ぐと、ほとんどが消えていきました。しかしそれらのものから目を離し、漫然とまわりを眺めはじめるや、同じ黒人の映像が同じように生き生きと、なんども現れるのです。それは少しずつしか消えていきませんでした。（「書簡17　スピノザからピーテル・バリングへ」『スピノザ往復書簡集』）

この白日夢が「原因」認識の範例である。この白日夢から、その両端をなすかのように、〈見る〉と〈見ない〉、知性と想像力、理性と狂気、がこぼれ落ちる。この白日夢が、フーコーの引いたパスカルの「狂気の別の業《わざ》autre tour」だ。それを範例としたことが、アルチュセールに「イデオロギー装置」論を構想させ、彼を再びスピノザから離れさせることになるだろう。

第四章◆構造から〈私〉と国家へ

一　「錯乱」するアルチュセール

はじめに幻覚ありき

アルチュセールのスピノザ・ノートのなかに、「想像(力)imagination」と題された一〇ページの一定まとまったノートがある。『神学政治論』と『エチカ』の「想像(力)」をめぐるさまざまな記述のあいだに独自の関連づけを施そうと試みているのだが、なかでも精力を傾けているのは、『エチカ』Ⅳ部定理九の読解である。定理と証明の両方にほとんど逐条的にコメントを加えている。「黒人の垢まみれのブラジル人」の白日夢を引き合いに出しながら、である。

定理九　現在自分の目前にその原因があるという想像から生じる感情affectionは、その原因が自分の目前にないと想像される場合の感情より強力plus forteである〔1――ナンバリングは引用者による。スピノザが付している他の定理への参照注は省略する〕。

証明　想像とは、精神がそれによって、ものを目前にあるように考える観念のことである〔2〕。この観念は、他方、外部のものの本性よりもむしろ人間身体の状態を示している。

したがって感情は、(感情の一般的な定義により)身体の状態を示すような想像力である〔3〕。しかしこの想像力は、目前の実在を排除するようなものがなんら想像されないあいだは、より活発 plus intense である〔4〕。ゆえに、現在自分の目前にその原因があるという想像から生ずる感情も、それが目前にないという想像から生ずる感情よりもはるかに活発 plus intense であり、はるかに強力 plus forte である〔5〕。証明終わり。

スピノザが「黒人の垢まみれのブラジル人」の「映像 image」を「見た」ということを、定理の言う「現在自分の目前にその原因があるという想像」のモデルケースとみなすのである。定理と証明の理解に白日夢を使おうとすると言ってもいいし、あるいは逆に、白日夢を定理と証明に解説させようとすると言ってもいい。

ここで「白日夢」と記しているのは、本書第二章で引いた『知性改善論』と『神学政治論』の両方に出てくる「目を開けて見る夢」を簡略化した訳語である。ノートでは、書簡で語られる「黒人の垢まみれのブラジル人」の夢を指して、「目を開けて見る夢」あるいはたんに「夢」と呼んでいる。

白日夢を定理と突き合わせるに先立ち、書簡の語りからは、こういう含意が引き出される――「映像が映像として実在するのは、実在する現実的なものによって縮減されないという条件においてのみである」。すなわち、目が覚めて「実在する現実的なもの」を目にしたあとですら去っていかない夢の残像が、映像なるもの――映像一般――の正体だ。映像の本質がその固有の存続力に認められる。想像力が「実在する現実的なもの」には制約されない力として把握される。この含意はさらに、想像力は「見えないものを見る」力を本性的にもっている、と引き延ばすこともできるだろう。

とにかくアルチュセールは白日夢を特殊な映像と考えるのではなく、むしろ映像一般の特性が凝縮されたものと捉えるのである。『神学政治論』のスピノザは預言者に「並外れた」想像力を認めたが、ここでのアルチュセールには、「目を開けて夢を見る」かのごとき彼らの想像力はむしろノーマルで、想像力の本性に適っている。

精神の活動としての想像は「身体の状態」を示す（〔2〕および〔3〕――『エチカ』II部定理一六系二に由来する）ものの、まさに精神の活動として、睡眠／覚醒という身体の状態からは自立している。アルチュセールにとっては、「黒人の垢まみれのブラジル人」の夢にように、目覚めていると知りつつなお見ることのできる夢、睡眠と覚醒のいずれも飛び越えて見ることのできる夢が想像の本性であり、精神の活動としての想像力は身体の活動に拘束されない。

『知性改善論』のスピノザは、「自分が目覚めていることまで疑う」デカルトを、「睡眠と覚醒を一度も区別したことがない」と非難したが（§50）、アルチュセールの読み取るスピノザの想像力は、いかなる懐疑もともなわずに睡眠と覚醒の境界を跨ぐ。いわば、それ自体で目覚めているのである。眠っていようと起きていようと、身体や脳がなにかを見ているかぎり、想像力は活動している──「想像が現前一般の基礎である」。『知性改善論』の言う「霊的自動機械」としての知性の働きの出発点を、アルチュセールはそこに認めようとする──「はじめに幻覚ありき」(「幻覚」については後述、ここでは「実在する現実的なもの」から自立した映像の意)。

「感情」が「霊的自動機械」を作動させる

〔2〕による想像と観念の等値もまた、彼を『知性改善論』に連れ戻すだろう。命題「われわれは実際、真なる観念をもっている」の問題である(本書第三章)。「霊的自動機械」の作動開始という、認識のはじまりをめぐる、彼にとっての中心問題である。ノートはそれを「起源」の問題と呼び直し、定理と夢が交差する地点に召喚する。想像(力)のどこに「起源」になる力があるのか。あるいはそもそも、想像するという活動の原因=起源はなんなのか。定理がアルチュセールに告げているのはその答えである。すなわち「目前に原因があるという想像から生ずる感情」。正確にはこの「感情」が「強力」であること。それが想像を認識の「起源」にする、とアルチュセールは〔1〕を読む。認識内的並行をひたすら「第一原因」に向かって突き進む反省の主体は、実は最初からその「原因」を「見て」いたのである。

ゴールにおいて得られるはずのものを、経験の真実相においては最初に見ていたこと、現実的に知覚していたことが、最初の一歩になる。「原因」を探求する原因に、ほかならぬその「原因」がなるのだ。見たものが生じさせる「感情」が強力であるから、彼は一歩を踏み出す。知的に誠実であったり道徳的に敬虔であったりするから世界の確実な原因を探ろうとするのではなく、ただ強力な「感情」に突き動かされて——預言者のように！——「われわれ」は哲学の道に入る。想像力が映像において結び合わせる「原因」と「感情」の作用により、想像がそのまま「霊的自動機械」になるのだ。

そこに、幻覚 hallucination としての白日夢／想像という要素を加味し、アルチュセールは記す——「スピノザの問題のいっさいが、全般的幻覚の理論と現実的知覚の理論のあいだで揺れ動いている。いずれを起源のモデルにするのか……むしろ彼にとっては同じことなのである。同じとみなすことが彼の想像(力)理論にとっては不可避だ！！！」。ノートにおいて「幻覚」という語は「強力な感情をともなう映像」と同義であり、アルチュセールはこの同義性に導かれて定理と「黒人の垢まみれのブラジル人」を結びつける——「想像力と感情の本源的基盤は幻覚と夢だ！！！」。かくて認識は「幻覚と夢」の強力な一撃からはじまる。

「黒人の垢まみれのブラジル人」という「目前の実在」を排除するものは、それを見ている

スピノザにはなにもない。映像は、彼がまわりのものを注視しているあいだは消えているもの

の、彼が再び目を「漫然」とさせれば戻ってくる。それはゆっくりと、ひとりでに消えていくだけである。映像を消す他なる原因はないのである。映像の「目前の実在を排除するようなもの」がない、だからこそ見ているのは幻覚である、と映像を見ているスピノザには分かっている。それが彼に強烈な「感情」を呼び起こす。

とはいえ、あえて問えば、それはなぜだろう。〔4〕によればまさに「排除するようなものがない」からである。映像の実在を排除するものがないのは、映像そのものが原因であるから、映像が原因の実在にして現前であるから、とアルチュセールは〔5〕を解する。ほかに原因があれば(身体の睡眠が典型である)、それが映像の実在を排除するようにも働くだろう。この自己原因性が映像に固有の存続力を与える――「目前に原因があるという想像は、目前のものを排除する原因を想像しないことに帰着する」。「黒人の垢まみれのブラジル人」を見ているスピノザは、「その本質が存在を含む、言い換えれば、その本性が存在するとしか考えられないもの」(『エチカ』I部定義一による「自己原因」の定義)を前にしている。彼はいわば、自己原因である映像に釘づけにされるのである。この活動停止、想像しないことそのものが、正確に訳せば「外部からの作用を受けての心の動き」であるaffection, 原因を見たことによって生じるaffectionであるだろう。そのように読むことにより、アルチュセールは「帰着する」に続けて記す――「……ゆえに本源的基盤は幻覚と夢だ！！！」。

ノートは定理と証明に計四回登場する仏訳語「より plus」に下線を引き、「強度 intensité」ないし「現前性の度合い」と彼が呼ぶ論点についても考察している。「強力な感情」の強力さ force にも差異を考えるのである。同じように「原因があるという想像」から生じても、その原因が「可能的」原因──原因であるかもしれないものの現前──である場合に、感情はもっとも弱く、「偶然的」原因──たまたまそうなったという原因の現前──である場合にはそれより強く、「必然的」原因である場合に「もっとも強い」。自己原因である白日夢／幻覚は、「存在することを本質とする」実体（I部定理二〇）を先取りしている。実体を見ているのと同じであるから白日夢／幻覚は「はじまり」になることができ、ゆえに白日夢／幻覚が生じさせる感情は、たんに「強い」という以上に「もっとも強い」。「映像の力こそ本源的（＝起源的 originaire）である。映像のあり方がどうであれ。現実的、過去的（想起）、未来的（空想）というそのあり方は、本源的で幻覚的な映像の力に対し二義的である！！！」（強調原文）。「もっとも強い本源的（＝起源的）感情」を呼び覚ますから、白日夢は認識の「本源的基盤」すなわち「はじまり」になることができるのだ。

幻覚の氾濫、妄想なき錯乱

アルチュセールがこうした論理をほとんど狂喜しつつ（感嘆符の乱発に注目されたい）定理と証

明に見いだすにあたっては、もう一つ落とせない要因があるように思われる。白日夢／幻覚はたんなる自己原因ではない。この「映像」は「実在する現実的なもの」によっては「縮減されない」のだから、それ自体として「実在する現実的なもの」ではない。つまり「ない」。「ない」からその「目前の実在を排除するようなもの」もまたなく、永遠の相のもとに――現在・過去・未来という制約を超えたところに――「ある」。アルチュセールに青期以来つきまとってきた（本書第一章）、「ある」と「ない」の共存を、白日夢／幻覚は端的に実現しているのである。個人的かつ哲学的な問題であったこの共存を、スピノザが見た「幻覚的映像」は文字通り映像化している。アルチュセールは「黒人の垢まみれのブラジル人」の映像に、スピノザが論じる旧約聖書の神や天使ばかりか、十字架の聖ヨハネが見たいと願ったイエス・キリスト、母が少年ルイの顔に透かし見た恋人ルイの映像をはたして重ね見なかったろうか。

スピノザの白日夢／幻覚がアルチュセールに引き起こした「感情」の強さは、さまざまなところにその痕跡を残している。理論に関連しては、なにより徴候的読解論に。「〈見る〉と〈見ない〉の有機的混同」は、白日夢／幻覚における〈ある〉と〈ない〉の共存をそのまま引き継いでいるだろう。

だがそれにもまして、自らの講義（マキァヴェッリ講義、一九六二年）を回想する一九六二年九月二九日の手紙を思い出す必要がある。「講義をやりながら、ぼくはそれをやっているのが自分ではないという気がしていた。講義がぼくのそとで行われている。(……)自分の錯乱しか喋っていない、という幻覚的感情にぼくは襲われていた(抗いがたく)」(本書第二章)。ほんとうにそのとおりであったかと言えば、すでに見たように、おそらく違う。講義が行われていたさなかには、たんに「突き動かされて仕事をしている」「奇妙な状態」としか、彼は自分を描写していない。

『知性改善論』から拾ってきたと思われる「錯乱」の語といい、おそらくアルチュセールは九月のこの手紙のころに、件のノートに結実する読書を行っていたと思われる。手紙に顕れているのは、幻覚的映像と化した自分――「講義はぼくのそとで行われている」すなわち「ぼく」でない「誰か」が講義している――である。しかし、自分が映像として現れたのは講義のさなかではなく、半年以上経って手紙を書いている「いま」ではないのか。彼がそれを「いま」見ていることはたしかだろう。少なくとも、ノートにおける分析が手紙における自己分析のあり方――「はじまり」の問題化――を理解させることはたしかである。語のスピノザ的意味における「理解」すなわち原因の理解である。ノートの提示する論理が手紙の自己分析の原因であるとみなすことに、論理的な無理はない。

事実としても、時間的距離を置いてなされた幻覚をめぐる思索が、過去の自分を幻覚として想起させているのでは？　この想起こそ、スピノザの白日夢がアルチュセールにもたらした「もっとも強力な」affectionであったのでは？　講義の主題を「無からのはじまり」（本書第二章）と明確に位置づけているのは、実際には九月の手紙である。講義で論じられているのはあくまで「絶対的に新しい国家」であり、そこでの「はじまり」はまだ認識のはじまりに接合可能なように一般化されていない。講義で問題にされる「無」はマキァヴェッリの理論的「無力impuissance」だ。ノートに何度も登場する感嘆符――「！・！・！」――の「感情的affectif」な余韻が九月の手紙に、自分を映像として登場させたのではないか。

手紙とスピノザ読書とのつながりを暗示するもう一つの語、「錯乱」もまた、それ自体としてノートの幻覚論からの引用であったろう。「錯乱délire」は精神医学や精神分析の領域では「妄想」と訳され、主として妄想内容を指して用いられる。たとえば「女になって神と性交し、新しい人類を生む」ことが妄想＝délireである（フロイトの症例として知られるシュレーバーの妄想）。

ところがアルチュセールの場合、講義の内容つまり自分の提示するマキァヴェッリ像のことを指して「妄想的」と言っているわけではない。講義録と『マキァヴェッリ著作集』を繙けば一目瞭然であるが、講義はむしろよくできたマキァヴェッリ紹介／入門であり、資料的裏づけも講義中に明示されている。なにが妄想的かと言えば、マキァヴェッリの「国家Etat」と自分の「状態 etat」、要は自分を重ね合わせていることであり(「講義の錯乱はぼく自身の錯乱だ」)、そこにおそらくスピノザの白日夢まで「見ている」ことであろう。アルチュセールはマキァヴェッリとスピノザに、「はじまり」という自らの「中心問題」(九月の手紙)を「見た」のである。白日夢／幻覚を「見る」のと同じように。

哲学問題が比喩ではなく「見える」、だから「錯乱」している、と言っているように手紙は読める。つまり彼が「見た」のは白日夢／幻覚を「見る」ことにほかならない。幻覚の幻覚、アルチュセール版 *videre videor* だ(本書第三章)。手紙が湛える「感情」の強度は、なんの妄想内容――「神の女になって……」のような――にもかかわっておらず、特定の幻覚的映像――「黒人の垢まみれのブラジル人」のような――にも支えられておらず、ただ幻覚を見たという幻覚を伝える。それほど、あるいはそういう意味で、アルチュセールは「錯乱」している。

二　原因の劇場

二重の包摂または「作者なき演劇」

『エチカ』II部定理七「観念の秩序と連結は、ものの秩序と連結と同じである」における「観念の秩序と連結」が、アルチュセールにおいては、「原因」を見た幻覚から作動しはじめ想像と知性を一連なりの「認識過程」にする「霊的自動機械」である。「原因」はもちろん「ものの秩序と連結」の「原因」でもあり、だから二つの並行する「秩序と連結」の「同じ」が最終的に担保されるのだが、定理七そのものは両者の直接的な、つまり「原因＝実体」を経由しない関係についてはなにも述べない。というか、すぐあとで見るように、「同じ」はむしろそんな直接的関係の不在を語っている。「観念の秩序と連結」は、想像力が身体の活動から自立しているように、「ものの秩序と連結」から自立しているのである。それでも「見る」を通じて「原因」を内部に取り込んでいることにより、アルチュセール版「霊的自動機械」は、それ自体としてすでに「実体」による決定を反復していることになる。どういうことか。

一方において、「原因」は「霊的自動機械」の「なか」にある。認識が「原因」を、アルチュセールの語彙によれば、「われわれ」に「領有」させる(『資本論を読む』「序文」)。「原因」はあくまでも認識された原因である。彼の強調するところでは、それは認識の対象であって現実の対象ではない(同)。ところが他方、この「領有」を可能にするもの、認識を動機づけ、対象の認識的「領有」にまで進ませるのは、「原因」のほうである。認識には認識にいたらしめる現実的な原因――「原因」からの原因――がある。それがアルチュセールには「感情」の「強度」だ。認識は「原因」が作用する現実過程――現実の対象↓「身体の状態」としての映像↓観念――の「なか」にある。二つの過程は互いに包摂し合い、一つの円環をなすのである。定理七の「ものの秩序と連結」は認識過程と切れているけれども、こちらの現実過程は認識過程と、対象としての「原因」において交差している。想像／映像において直結している。

かくして『資本論を読む』序文は、こう締めくくられる。「われわれはだから唯一の同じ問いの円環から抜け出してはいない。われわれが円環から抜け出さないでも円環のなかをぐるぐる回らないでいることができるのは、この円環がイデオロギーの閉じた円環ではなく、その閉鎖性自身によってたえず開かれる円環、根拠づけられた認識の円環であるからである」。

この円環ないし二重の包摂が、『資本論を読む』において抽出された「原因」の作用態だ。「内在的原因」が、いま・ここの認識――『資本論』という書物の形をとっている――という「結果」に内在的に働く仕方、アルチュセールが「構造的因果性」と命名した因果性のあり方にほかならない。『知性改善論』が「唯一の実体としての神」に到達しなかったのに対し、論文「資本論の対象」は、「実体」のアルチュセール的名前である「(構造化された)全体」の記述に踏み込んでいるのである。「全体」――「実体」と読むべし――は、役者が作者／演出家であり、さらに観客でもある「作者なき演劇」のようなものだと言われる。「全体」は特殊な「演出」の「実在様式」――「同時に自分の舞台であり、脚本であり、役者であるような演劇の実在様式」――をもっている。

この演劇の観客がたまさか観客でありうるのは、彼らがまず強いられた役者であるからにほかならず、彼らは自分が作者ではありえない脚本と役柄の制約に捕まっている。というのも、これは本質的に作者なき演劇だからである。(「資本論の対象」)

役者は舞台の「上＝なか」にいて、脚本どおり、演出どおりに芝居をしている。彼らの行動は「生産様式」により唯物論的に決定されている。しかし舞台は彼らの視線の「なか」にしかない。彼らは観客でもある。彼らの視線の「なか」で舞台を動かしている演出家は、彼らに芝居をさせている演出家でもある。つまりここでの「演出」は、自分を結果とする原因、まさに自己原因にほかならない。存在する原因として自分の本質しか必要としない「唯一の実体」を、アルチュセールは、結果である「われわれ」、役者として舞台の上で演出される「われわれ」の視点から、さらに言い換えればあくまで想像力の主体の立場から、「作者なき演劇」と規定するのである。「実体」を『エチカ』I部の視点――「道」をたどり終えた「知性」(＝科学者／哲学者)の立場――からではなく、まだ途上にある人間の目から見ようとする。そこに彼の実体論の特徴がある。

実際、徴候的読解において、反省＝反照のステップを前に進ませた「〈見る〉と〈見ない〉の有機的混同」は、「作者なき演劇＝劇場」のなかにいる主体の視線構造である(フランス語では「演劇」は「劇場」と同じ語théâtre）。なぜ古典派経済学には自分が見ているものが見えないのかと問うて、アルチュセールは答える――「〈見る〉の光が眼と対象の両方から来る」から（「序文」）。見ている目には、自分の眼が見ている（＝光を発している）か、対象が自らその姿を見せている（＝光を発している）か、そのどちらかでしかない。両方から「光」が来ているという「〈視vue〉の〈場champ〉」の構造は見えない。それがすなわち「〈見る〉と〈見ない〉の有機的混同」だ、と彼は解説しているのである。

この「混同」は、人が役者である自分と観客である自分を同時に見ることができないのと構造的に同じであるだろう。「有機的混同」というそれ自体が反照であるもの――〈見る〉への〈見えない〉の反照――が、観念から観念へと受け渡される／反照される過程であった徴候的読解は、それ自体が「自己原因」としての「作者なき演劇」の作用態にほかならない。『資本論を読む』における構造的因果性は、構造的因果性が働くことで認識されるようになっているのである。「原因」は最初からそこにある。徴候的読解に内在している。その都度、見そこなわれる(bévue)／見えない／不在であることで、過程を前に進めている。

並行論は構造的因果性論である

アルチュセールは、「原因」を見たという幻覚に、「観念の秩序と連結」と「ものの秩序と連結」の二重の包摂を、あるいは二重の包摂という両者の特殊な連結を、実現させた。しかし『エチカ』のスピノザも、書簡で報告されるような幻覚こそ持ち出さないまでも両者を互いに包摂させているのではないか。アルチュセールはただ牽強付会を行ったのではなく、『エチカ』を補完するようにスピノザの幻覚を参照しただけではないだろうか。というのも――。

II部定理七「観念の秩序と連結は、ものの秩序と連結と同じである」の証明は、実質的にたった一文である。「I部公理四から明らかである」。公理は言う――「結果についての認識は原因の認識に依存し、その原因の認識を含む」。ゲルーが述べ、ドゥルーズもおそらくそれにしたがい示唆したように、これは『知性改善論』が提出した認識内的並行からの帰結であったろう(本書第三章)。

公理を念頭に置きつつ、認識内的並行を振り返ってみる。なにかを対象として認識すれば、そのなにかは必ず別のなにかを原因とする結果であるから、その原因をまだ明確に認識していなくとも、対象認識はすでに原因の認識を内部に「含んで」いる。だから対象認識を「反省」すれば、原因は認識的に取り出せる。逆に、なにかを認識し、そのなにかが別のなにかの「原因になる」ことができると判明すれば、そこから結果の認識を演繹することができる。結果の認識は、原因の認識から演繹されるという意味で、原因の認識に「依存して」いる。公理の言う「含む」と「依存する」は、「認識」における原因と結果のこうした入れ替え可能性を端的に定式化していると読める。『知性改善論』はそれを、観念の「対象的本質」と「形相的本質」のあいだの認識内的並行から帰結した。反省＝反照する「自動機械」はこの並行に導かれて「神の観念」に到達するはずであった。到達すれば、存在論的並行が言えるはずであった。『知性改善論』における存在論的並行は、認識内的並行に「依存して」いるのである。

アルチュセール的に言い換えれば、存在論的並行は認識内的並行に「包摂」されている。しかし第三章で見たように、この「包摂」があるだけでは、「われわれ」は認識の「なか」から「そと」に出ることができず、対象認識の真理値はいつまでもペンディングにされる。最初の「もの」から「万物」にいたる「秩序と連結」が、最初の観念から「第一原因」の観念にいたる「秩序と連結」と存在論的に(＝実体的に)「同じ」であるかどうかは、最後まで決定されない。

それに対し『エチカ』のスピノザは、認識内的並行を「公理」というすでに満たされた要請にすることにより、二つの並行原理が同等に参照し合ってともに証明不能になるアポリアを回避したのである。公理とそれにもとづく定理であるから、認識内的並行は存在論的並行をたしかに「包摂」している。しかし公理は、そこから導き出される諸定理の証明を通じて、最終的に諸定理の体系に「包摂」される。これは公理の意味ないし定義のようなものだ(スピノザが範としたユークリッド幾何学を想起されたい)。公理は定理を産出し、その「なか」に消えることで役目を果たす。公理の全体は定理の全体と同等／同値である。

公理と定理こそ、アルチュセールの言う「開かれた円環」――定理を「産出」するという意味で「開かれた」――をなすだろう。二つの並行の関係を、アルチュセールはすぐれて「構造」と把握したのだ。「構造」が二つの並行原理に互いを「包摂」させ合い、二つの「秩序と連結」を「同じ」にする。この「同じ」こそ構造的因果性の効果＝結果だ。スピノザが満足していなかった並行論の「証明」に、「構造」はたしかに一つの解答を与えている。

「個体」――個人／国家――は存在するか

『資本論を読む』以降、アルチュセールは構造的因果性そのものについては話題にしなくなる。それもまた、『エチカ』に照らせば不思議ではない。アルチュセールなりの因果性把握は、『資本論を読む』を通じて確定されたからこそ、『エチカ』の構成にしたがい次の主題に移動していったと考えることができる。先回りして言えば、それが一九六〇年代後半に主題化される、主体化論としてのイデオロギー論であり、政治とはなにかという問いにほかならない。

実体のレベルで並行する「もの」(延長属性)と「観念」(思惟属性)は、人間のレベルでは「身体」と「精神」をなす。だとすれば、二属性は並行しているのであるから、「身体には、精神の思惟活動を決定する能力はないし、また精神にも身体の運動や静止、あるいは他のものを(もしそのようなものがあるとしても)決定する能力はない」(Ⅲ部定理二)。「精神の決意ならびに衝動と、身体の決定とは本性上同時に起こる」（同注解）。これが、存在論的並行からスピノザの引き出す問題である。身体と精神が並行していて構造的に「同じ」だということは、「合一 *unitas*」がないということか？　身体と精神は実はばらばらに——それぞれ別に実体から属性ごとに決定されて——活動しており、構造が二種類の活動を遠隔調整しつつ両者の同時性を背後で維持しているのか？　身体と精神が「合一」した分割されざる「個体＝個人 individu」としての「人間」は、それこそ白日夢であって実在しないのか？　スピノザにおいて、個体の実在性は属性ごとの決定と、それらの「同じ／同時」だけを決定する構造的決定に引き裂かれて消えるように見える。

並行論の突きつける難問を冒頭近くでこのように定式化する『エチカ』Ⅲ部「感情の起源と本性について」は、「感情」の相互作用として人間の共同性を考察する。Ⅲ部はつまり、『神学政治論』や『政治論』と響き合う国家論／政治論として読むことができる。「感情 affects」はそれ自体が身体的変様 affection である。それが精神からまったくコントロールされず、あくまで間身体的に決定されているとしたら、たしかに「個体＝個人」にとっては存在にかかわる難問であるだろう。というのも、「私」の身体が「私」の知らないところで受動的かつ能動的に活動しているとしたら、それはいったい「私」の身体なのか？　しかし共同性を考えるうえでは、個々の精神が「身体がなにをなしうるか知らない」（Ⅲ部定理二注解）ことこそ、逆に考察の出発点にもなる。というのも、もし精神が身体のなしうることを知っているのであれば、個人は自分に不可能なこと、無理なことをなそうとはせず、「本当の理性が指し示すものしか求めない」だろう（『神学政治論』第五章八節）。そのときには「一人一人が自発的に、揺るぎない自由な心をもって、本当に有益なことを行うから、それだけでまったく問題はないだろう」（同）。つまり国家など不要になるのである。理性的な人間に国家は必要ない、これはスピノザ国家論の基本として押さえておくべき原理だ。

またしかし、精神と身体が「合一」していなければ、国家などはなから問題になりえないだろう。国家は「個人」から構成される「個体」として、「法」に代表される集合的「精神」と、軍隊／警察に代表される同じく集合的「身体」をもつからである。「個人」が存在しないなら、「法」を構成する諸「精神」は、それぞれの「身体」を「決定する能力」をもたないにもかかわらず、他のすべての「身体」を直接無媒介に縛ることができることになる。国家権力がコントロールする対象はあくまで、精神と身体が「合一」した「個人」である。どちらかだけの拘束などありえない。

本質と存在が分裂する——「偶然性唯物論」再論

要するに、並行論が含意する構造的因果性は、個人であれ国家であれ、「個体」の存在——

あるかないか――について決定しないのである。これこそ、アルチュセールが偶然性唯物論を構想するにいたった根本的な理由だと思われる。というか偶然性唯物論は、実体による構造的決定が「個体」の存在について決定しない、というスピノザ解釈だ。

並行論を踏まえつつ、再確認しておこう。空虚のなかを並行落下する諸原子の落下軌道は、スピノザにおける〈属性による様態の決定〉に対応していよう。属性ごとの「秩序と連結」を表すと言ってもいい。諸原子は互いに無関係に、「落下」として表現される「秩序と連結」を「唯一の実体」から決定されている。しかし、「偏り(=クリナメン)と出会いがなければ、原子は抽象的な要素にすぎず、手ごたえも実在性ももたない」(「出会いの唯物論の地下水脈」一九八二)。スピノザもこう記している――「有限でかぎられた存在をなすものは、神のある属性の絶対的本性から産出されえない」(I部定理二八証明)。「有限でかぎられた存在をなすもの」が「個体=個人」を指すのであれば、スピノザの命題はアルチュセールの解釈を裏書きしていよう。並行論/構造的因果性によるのとは別の決定が構想されねばならない。スピノザもこう記している――「個物、言い換えれば有限でかぎられた存在をもつあらゆるものは、自分と同じように有限でかぎられた存在をもつ他の原因から、存在や作用へと決定されることによって、はじめて存在することができるし、また作用へと決定されることができる」(同定理二八)。

スピノザによれば、「有限でかぎられた存在」(=有限様態)は、「本質」にかんしては思惟と延長のような属性ごとに、それぞれの属性内部で決定される。ところがそうした「本質」には「存在が含まれていない」(同定理二四)のである。本質と存在が一致する――存在することが本質であり、本質をもてば存在する――のは神すなわち実体だけである。「神の存在と本質は同一である」(同定理二〇)。有限様態は本質と、存在する権利だけを、無限に様態変様する実体から与えられるのである。「神の本性の必然性から、無限に多くのものが無限に多くの仕方で生じてこなければならない」(同定理一六)。

さまざまな本質をもつ有限様態の存在への移行には、権利と事実を隔てる壁があるわけだ。存在については、属性の決定する本質ではなく、「自分と同じように有限でかぎられた存在をもつ他の原因」から決定されなくてはならない。いわば隣の同類から、有限様態は存在を受け取るのである。隣の同類は、またその隣の同類から存在を受け取り、さらにまた……かくて存在原因の連鎖は無限に遡行可能であり、「全宇宙＝実体」を経めぐるだろう。一つの有限様態の存在を決定しているのは、様態どうしの外的な関係の全体――スピノザの用語では間接無限様態――にほかならない。けれども、関係の全体がそれを決定しているというのは、決定について実質的になにも述べない自明のことがらではないだろうか。

属性ごとの本質の決定をすべて並行させ、それらの「同じ」を実現するのが構造的因果性であるとすると、本質の決定と存在の決定を分ける因果性――二種類の決定を「個体」という結果に合体／結晶させる因果性――もまた「構造的」ではあるだろう。しかし、アルチュセールは「個体」の存在決定に必然性を認めず、認めないからこちらの「構造」論を「偶然性唯物論」と呼んだと考えることができる。この「構造」もまた「実体＝全体」の構造である以上、それ自体は必然的であるだろう。ただし内部に偶然をはらみつつ、それを解消しない必然である。そんな必然を必然と言っていいのかという問題は残るものの、構造的因果性とは結局のところ、必然性と偶然性の分節を考えさせる因果性概念、どちらにどちらを「包摂」させるのではないという種別性をもった因果性概念であると言えるかもしれない。現に「偶然性の必然性」は『資本論を読む』におけるキーワードの一つだ。

ドラマが終わり、「出会い」が訪れる

とはいえ、偶然性唯物論がアルチュセールのテキストに明示的に登場するのは一九八〇年代になってからである。それによって六〇年代半ばの概念たる構造的因果性を読み解くことには、そもそも無理があるように思えるかもしれない。しかし、スピノザ・ノートの主要部分が作成されたと推定される一九六二年の夏――マキァヴェッリ講義を回想するフランカへの手紙が書かれたのは九月である――に書かれた演劇論「「ピッコロ」、ベルトラッチーとブレヒト――唯物論的な演劇にかんする覚書」は、八〇年代の偶然性唯物論を先取りするとともに、それを

『資本論を読む』の「作者なき演劇」にも同様に先取り的に結びつけ、さらにその両方をすでに「個体／主体」の実在化問題として提出している。

論文では「並行」と「出会い」がある演劇の主題そのものとして発見される。ベルトラッチー作「われらのミラノ」のピッコロ劇団による上演である。そこでは、二重の包摂の関係もまた発見されている。主題を舞台にのせるための演出と、それを見る観客たちの現実世界とのあいだに、である。論文にないのはスピノザの名前だけだ。舞台上で並行するのは、ミラノのルンペン・プロレタリアートたちが集う無料食堂のテーブルである。食事する彼らは背中越しに会話にならない言葉をときおり投げかけ合うだけで、舞台中央に陣取るテーブルの列は「関係の不在」を象徴している。彼らのあいだの「関係の不在」を。しかしそれだけではない。なにも起きない彼らの「空虚な時間」と、物語の主要登場人物たちが舞台の袖で繰り広げるメロドラマの「充実した時間」のあいだ、さらに、舞台と現実世界のあいだの「関係の不在」もまた、並行するテーブルは体現している。

ドラマの進行中、三つの時間／空間はそれぞれ独自の「秩序と連結」をなし、「出会う」ことはない。観客はルンプロの目に同一化して舞台を眺める演出になっており、彼らからはドラマが「お涙頂戴」のありふれたメロドラマ——資本主義の現実とは縁のない——にしか見えない。ドラマの進行中、ルンプロと主人公ニーナと観客はけっして出会わないものの、三つの時間／空間は互いに包摂し合っているだろう。メロドラマは「空虚な時間」のなかにあり、「空虚な時間」は観客席の暗闇のなかにある。観客は舞台上の「空虚な時間」のなかにわが身を置いている。

しかし、劇の終わりに、娼婦に身を落としたニーナが舞台から立ち去る瞬間、三つはまるで収束して一つになるかのように「出会う」。観客は自分たちの現実世界を彼女の生によって照らされる。彼女がこれから入っていく舞台のそと、この世界は、彼女が娼婦として生きていくルンプロたちの世界だ。ピッコロ劇団の劇場があるここは、いまだに下層プロレタリアートがうごめくほんとうのミラノである。その現実が演劇によって照らされる。ここはあの無料食堂と同じではないか！　現実をそれまでとは異なって見せる演劇の「異化効果」（ブレヒト）の典型を、アルチュセールは「われらのミラノ」に認める。相互に無関係のまま包摂し合っていた三つの世界は、芝居が終わるとき、合体して包摂し合うのである。「私」はニーナのように「身体」（＝労働力）を売り、あのルンプロたちのように、隣の他者たちと言葉を交わさないでいる。この演劇では「関係の不在こそが真の関係を構成している」のである。その「真の関係」から、劇の終わりに、ルンプロ＝主人公ニーナ＝観客たる「私」という「主体」が生まれる。閉幕が「作者なき演劇」におけるクリナメンになる。

三　「イデオロギーと国家のイデオロギー装置」再考

主体を作るイデオロギーは、個人の存在を危うくする――個体の存在論

「イデオロギーは個人 individu に呼びかけて主体にする」――アルチュセールが自らのイデオロギー論を要約した命題である（「イデオロギーと国家のイデオロギー装置」一九六九）。「構造」からイデオロギーへ、正確に言えばイデオロギーによる主体化 subjectivation（臣従化）ないし主体形成へ、六〇年代前半から後半にかけてアルチュセールの理論的関心はそう移動した、としばしば語られる。呼びかけるだけで主体はできるのか、という問いをこれもしばしばともなって（たとえばジュディス・バトラー『権力の心的な生』）。

しかし、いまや問いはこうずらされる、あるいは変形されるべきだろう。呼びかけられて応答する瞬間に生まれる主体は、個体 individu をなすのか。主体化論は、構造をめぐる議論に含まれていなかった個体化論ないし個体性論――以降、個体の存在論と呼ぶことにしよう――として提出されているのか。命題において「個人」の存在は前提されている。問いはつまり解決済みと扱われている。したがってここでの問いは、イデオロギー論と個体の存在論の関係をめぐり、こう定式化し直すこともできる。主体になったあと、呼びかけに応えた「個人」はどう

なるのか。

イデオロギー論文に先立つ一九六六年の「言説理論にかんする三つのノート」に、答えはすでにある。いなくなるのだ。「〈私 *Ich*〉のかたわらに〈分裂 *Spaltung*〉がある」。ノートにおいて、「呼びかけによる主体形成」の理論はすでに実質的にできあがっている。しかし、ノートの眼目は主体の理論を作ること自体にはなかった。ノートは精神分析の現状を確認すべく書きはじめられ、「無意識の主体」や「科学の主体」といったラカンによる主体概念の拡張的使用を検討するにつれ、主体概念はイデオロギーに限定して用いるべきだ——イデオロギーのイデオロギーによる主体しか語るべきではない——とアルチュセールに確信させる。ラカンとの一種の理論的決別である。決別をもたらす大きな要因となったのが、個体の存在論である。アルチュセールは、イデオロギーによって〈私〉が成立すると、それ以外の主体性は消える——よって無意識や科学について主体を語ることは概念の乱用である——とみなすのである。〈私〉が成立すると個人は〈私〉と「〈*Spaltung*〉すなわち文字通りの深淵、断崖、欠如、裂孔」とに分裂してしまう。言い換えれば、〈私〉以外には誰もおらず、なにもない。ただしその〈私〉にとって。「ない」が〈私〉の「かたわらにある」ようになるのだ。この構図を厳密に維持すべきとみなすところに、ノートの着地点はある。

アルチュセールは「主体の分裂 division」という言い方にさえ反対する——「分裂した／引

き裂かれた主体があるのではない」。彼の認める「分裂」はあくまで、充実して存在する主体――イデオロギーを充塡された主体――と、「深淵、断崖、欠如、裂孔」と呼ばれる非存在ないし空虚のあいだの分裂である。後者が含意する「ない」は、すぐに予想されるような「無意識」の「無」ですらない。彼にとって「無意識」は、「エンジンがガソリンによって動く fonctionner ように」、イデオロギーによって――イデオロギーをガソリンのように充塡されて――「働く fonctionner」言説であり、主体が「私」と口にするたびにその裏側に貼りついて「ある」。彼の言い方では、無意識は主体と、あるいは主体に、「分節」されており、徴候＝症状として自らの存在をたえず自己主張している。アルチュセールの考える「ない」は、そんな無意識とは別の問題を構成する。あくまで端的な「ない」、すなわち実在性の解消として、「ない」は〈私〉に対し問題化するのである。

　スピノザに引き寄せて考えれば、容易に理解されるだろう。イデオロギーは「個人」に「本質」を与える――私は父シャルルからアルチュセールの名を受け継いだ息子ルイであり……――ことと引き換えに、「存在」を不確実にする――「ルイ」とは死んだ叔父ではないのか……。イデオロギーは「本質」と「存在」を分裂させるものとして、理論家かつ「個人」としてのアルチュセールにおいて問題化される。イデオロギーは主体を作る一方で、個体＝個人の「存在」を危うくするのである。その点では、イデオロギーの作用もまた構造的因果性の効果にほかならない。

とはいえ、「ない」を〈私〉の「かたわらにある」ものと規定するにあたっては、ラカンその人からの影響もあったろうと推測される。たとえば第二章で引いたフランカへの一九六四年二月二一日の手紙である。そこでの「現実界との直接的コンタクト」、「深い現実との生々しいコンタクト」は、ラカン的「現実界」の例解のようにすら読める。手紙のアルチュセールは前年末に友人ジャック・マルタンが自殺して以来の自分を綴っており、「現実界」は認識理論上の「現実的なもの」——認識の「そと」——ではない。それはなにより、「巨大な墓石」の下に埋もれた死の世界だ。友人の自死によりアルチュセールに膨らんだ希死念慮の形象化であり、彼の存在そのものを吸引—消滅させる場所として、「深い現実」はある。しかし同時に、そこが「永遠に燃えている」ことで、「ぼくがその名前を称賛する数少ない人たち」(スピノザ、マルクス……)が彼らの傑作を書くことのできた世界、「ぼく」を哲学者にしてくれる生き生きした世界でもある。そんな両義的世界がアルチュセールの「かたわら」にある。

〈私〉の出所であり、かつ〈私〉を母との身体的合一に解消させる、ラカン的に把握された「もの Ding/Chose」と同じ両義性を、手紙の「現実界」はもっている。「深い現実」とは、人間がそれを失うことと引き換えに言語世界——意味の世界——に入るとされる、自らの存在の「生々しい部分」(ラカン「無意識の位置」一九六〇—六一)のアルチュセール的描写ではなかったろうか。彼は一九五〇年代末から六〇年代前半にかけてのラカン理論にかなり通じていた。弟子やフランカに宛てた手紙のなかではときおり「対象a」、「現実界」、「もの」といったラカン用語を駆使して自分や他人を分析しており、論文「無意識の位置」と「科学と真理」(一九六六)についでは、『エクリ』(一九六六)に収録される以前に丹念に読んでいる。とにかく、〈私〉と「現実界」、アルチュセール的に読まれたラカン的「現実界」の関係を、六四年の手紙は「コンタクト」と語り、六六年のノートは「かたわらにある」と語っている。アルチュセールには、「現実界」は「ない」こと(「ない」の「ある」であること)、〈私〉の存在を危うくするものであることが、すぐれて哲学問題を構成する。

スピノザ的イデオロギーからパスカル的イデオロギー装置へ

個体の存在論を立てるアルチュセールに独自のやり方が見えてくるだろう。彼は、発生の「秩序」を原因からたどるという意味での個体の決定論を、捨てるのである。実体であれ構造であれ、たしかに個体の存在の「第一原因」であるけれども、この原因は同じ程度に個体の非存在、個体性の解消の原因でもある。したがって個体の発生と維持を現に決定している原因ではない、それが彼には個体の存在論の出発点になる。イデオロギーは〈私〉を作っておきながら、個体としてのその存在と存続を「深淵、断崖、欠如、裂孔」に沈めるから、イデオロギー装置が、「ない」かもしれないものを「ある」かのように恒常的に思わせる仕掛けとして必要になる。個体を存続させることが、「政治」問題になる。これこそ一九六〇年代後半における移動だ。政治実践について沈黙したという自己批判には、政治を「個体の存在論」と定義して構造的決定論から切り離す、という問題設定の変化がともなっていた。

アルチュセールにおいて、「イデオロギー」はたしかにスピノザ的な概念である。しばしばそのまま「想像的なもの」と言い換えられる。スピノザは「映像」や「想像」を「身体の変様の観念」と定義し(『エチカ』II部定理一七注解)、それらを人間の身体的な相互関係に根づかせた。「映像」はそれ自体で、ある身体が他の身体から物理的に受ける「作用=変様 affection」についての「観念」である。逆に言えば、あらゆる「観念」はまずそのような身体「映像」であり、「反省」——観念の観念を得る手続き(本書第三章)——を経て純粋に知的ないわゆる「観念」になる。映像であろうと抽象的観念であろうと「観念の対象は身体である」(II部定理一三)ことに変わりはなく、「反省」が「画板の上の無言の絵」(同定理四九注解)を思惟の様態にする。

アルチュセールは「想像的なもの」のこうした本源的身体性をマルクス主義的な物質性/現実性——「生産様式」によって規定される——と読み替え、イデオロギーの厳密な定義に援用した。すなわち、「イデオロギーとは個人が自らの現実的存在諸条件に対してもつ想像的関係の表象である」。「表象」を、身体「映像」の反省である「観念」と読み、さらに、スピノザの言う「映像」をそれ自体で「現実」との「想像的関係」と解せば、アルチュセールの定義するイデオロギーは、スピノザの言う「身体の変様の観念」に一致する。とはいえ、この「観念」だけでは、つまりイデオロギーだけでは、仮に「主体」はできても「個体」は「本質」と「存在」の分裂に直面する。それがアルチュセールにとってのスピノザ的イデオロギー概念の問題にほかならない。

それに対し「イデオロギー装置」概念のほうは、イデオロギー論文において、スピノザではなくパスカルの名前に結びつけられている。そしてパスカル的であることの中身は、『神学政治論』に照らせばはっきりと反スピノザ的だ。「パスカルはほぼ次のようなことを述べている。「ひざまずき、唇を動かして、祈りの言葉を唱えなさい。そうすれば、あなたは神を信じているだろう」」。人は信じるから祈るのではなく、祈るから信じる。ゆえにとりあえずミサに連れていくべし。祭壇と典礼を用意すべし。これが「イデオロギー装置」の機能モデルである。儀礼を通して人は神に、権力に、服従する。そうであってはならないというのが、『神学政治論』第五章におけるスピノザの主張であった――「儀礼は神の法に含まれない」。儀礼は「いっときの物質的な幸福と国の安定だけを念頭に置いたものである」。聖書は「体内つまり精神に書き込まれた法だけを神の法と呼び、そこから儀礼を閉め出している」。スピノザにとって儀礼の形式性は服従を見かけだけのものにする。服従に世俗的見返りを求める「心 âme」(魂)を許容する。儀礼にしたがうかぎり、神の法を内面化した真正の主体＝臣下にはなれないのだ。

イデオロギー装置は「実体」を模倣する

スピノザにとって、真の主体とはどういう主体だろうか。「神の法にしたがう最高の報いはこの法そのものである」（『神学政治論』第四章六節）。「神の法」に主体性を明け渡した主体である。自分の主体性を、神から与えられる「本質」に還元し、個体としての「存在」を顧みることのない主体である。主体のモデルがキリストであるかぎり、当然の帰結であるだろう。神学と政治が交わる「法」をめぐり、スピノザは「本質」と「存在」の分裂という問題そのものを消去するよう求めている。アルチュセールには、そもそもできない相談である。だから彼はスピノザならぬパスカルを援用して、儀礼を組織する「装置」の概念を練り上げる。

教会という「イデオロギー装置」は、作者の存在する「作者なき劇場」だ（作者はもちろん教会自身である）。そこに連れてこられた「個人」はミサという芝居を見る観客であり、ひざまずいて祈る彼は文字通り「強いられた役者」である。祈る彼にはもはや自分が観客であることは見えていない。彼には自分がなにを見ているのか見えない。けれども彼が祈るのは、芝居の全体を見たからである。ひざまずいて祈りなさいという「呼びかけ」に応え、ひとたび舞台にのぼった彼を演出するのは、儀礼そのものと、その観客たる彼自身だ。彼は自分が見たことを反復する。そんな視線の反照、二重の包摂を実現する「装置」は、劇場へと個体化した「実体」であるだろう。教会はたしかに「神の家」を自称していなかったか。そこでは神の存在と〈私〉の本質が二重の包摂の関係に置かれる。〈私〉の信仰により神は存在するのに、神が存在するから〈私〉は祈る。祈ることが信じることの「原因」であるのに、〈私〉はその逆だと信じる。

スピノザは自由意志も目的因も否定した。彼にとっては、〈私〉が神を信じるとすれば、信じるよう神から決定されているからであり、神は〈私〉を信へと導く目的をもってなにか（嵐、雷、奇蹟……）を引き起こす――〈私〉に見せる――ようなことはしない。自由意志も目的因もスピノザにとっては、「実は原因であるものを結果とみなし、反対に、結果であるものを原因とみなしている」（Ｉ部付録）。そして彼はこの転倒を「想像の産物」とみなし、「生まれながらもっている無知」に起因させた（同、強調引用者）。つまり彼にとって、原因と結果の転倒は人間の本性により「装置」なしに起きるのである。考えてみれば、霊的自動機械たる思惟は因果関係を逆にたどって神の観念に到達するのだった（本書第三章）。認識内的並行は原因と結果を思惟のうちで入れ替え、逆転させた。しかしアルチュセールにとっては、誤解であれ正解であれ、因果関係の転倒ないし逆転は自然には生起しないのである。イデオロギー＝想像的なものは、単独ではスピノザがそれに付与する能力を発揮しない。それはあくまで「イデオロギー装置」による神学政治的な「演出」の効果だ。

「装置」がどうしてその効果を生み出しうるかと言えば、まさに小型の「実体」であるからである。アルチュセールには「作者なき演劇」が「実体」の構造であったから、この演劇であるイデオロギー装置は、「その本質が存在を含む、言い換えれば、その本性が存在するとしか考えられないもの」、すなわち「自己原因」として「ある」。実体のように、「存在することを本質とする」ようになる。イデオロギーからの「呼びかけ」に応えることで「本質」と「存在」の分裂に直面した主体は、この人工「実体」のなかに入ることにより「個人＝個体」になるのだ。主体にとっては、自らの「存在」を不確実にする分裂の現実そのものが、入る（＝祈る）動機となるだろう。なかに入って「強いられた役者」でいるかぎり、彼は自分の「存在」を自分の「本質」の「外化」とみなすことができる。「本質」に「存在が含まれていない」主体も、いまや「実体」もどきである。「神即自然」であるかのように、〈私〉は舞台上の〈私〉、対象である〈私〉を見る〈視 vue〉のなかに実在している。「主体＝実体」を主張するヘーゲルの絶対的観念論は、イデオロギー装置の効果――装置の内部から正しく記述された装置の効果――だったわけである。

イデオロギー装置は「個人」にとって、「原因」を「見る」代わりをする。「神の背中」を見たモーセや白日夢を見たスピノザは、自分の「存在」にまでつながる因果系列の発端、「本質」の原因と「存在」の原因が分岐する以前の「ザ・原因」を見た。アルチュセールが「コンタクト」した「墓の下の深い現実」も、それであったろう。見る/「コンタクト」する経験が、彼らには個体としての実在性をめぐる不安を、その経験のさなかにあっては感じさせなかったろう。彼らのような異常な想像力をもたない「個人」に、ほんとうの「原因」を見せる代わりに、たんなる「結果」を「原因」と思わせておくのがイデオロギー装置の働きだ。

四 〈私〉と国家

ヴィルトゥへのコナトゥスの拡張

スピノザにも、個体性の維持についてなら存在論はある。『エチカ』III部は定理六以降、いったん成立した個体について、個体が「自己の存在に固執しようとする努力」(コナトゥス *conatus*)を、個体の「現実的本質」(III部定理七)と規定する。属性ごとに神から決定され、それ自体は「存在」を含意しない「本質」とは別に、個体性の「本質」を導入するのである。コナトゥスはアルチュセールの整理によれば、類似概念として「*virtus*(力、徳)」と「*fortitudo*(強さ)」をもち、彼はこの一群の概念を、マキアヴェッリにおけるヴィルトゥ *virtu*(「力量」と訳される)の概念に相当するとみなしている(「唯物論のユニークな伝統」一九八五)。しかし、アルチュセールによるヴィルトゥ把握は一つの決定的な点でスピノザのコナトゥスを拡張している。彼にとってヴィルトゥは、個体を発生させる力でもあるのだ。それもほかならぬその個体の力である。個体が自分で自分を発生させる？

「本質」だけは必然的なものとしてすでにあるのに、その意味において「存在」する権利はたしかにもっているのに、まだ「存在」していない国家が、彼の規定する「新しい国家」である。この個体は個人とは異なり、厳密にはまだ「呼びかけられ」ていない。「呼びかけ」を受け取ったとかろうじて言えるのは、当時まだ存在していなかった近代国民国家の先駆けとなる国家概念を着想したマキァヴェッリであるが、彼はしかし、いかなる意味においても新生イタリアの主体ではない。国民国家の主体は定義により「国民」である。おまけに彼が「新しい国家」の建設を託した――実践の主体として指定した――のは、建設の企てに失敗して世を去ったチェーザレ・ボルジアのような個人であり、ボルジアその人は自分の歴史的任務を知ってそれを果たそうとしたわけではない。ボルジアにはモーセに対するような神からの「汝」という呼びかけも、それと同時に与えられた「律法」もなかったろう。彼はただ自らの野望を果たせなかっただけであったろう。

つまり個体国家の発生以前には、どこにもその主体はいないのである。アルチュセールのマキァヴェッリ国家論は、スピノザにはない個体の純粋な発生論として読むことができる。個人という「単純」個体と国家という「複合」個体との差異よりも、この共通性において、アルチュセールのスピノザ／マキァヴェッリは読み解かれるべきだ。

問題が偶然性唯物論の語る「出会い」のように「凝固」したのは、すでに何度か引いた一九六二年九月二九日のフランカに宛てた手紙においてであった。「理論的観点からするマキァヴェッリの中心問題は、絶対的に不可欠で必然的な新しい国家の、無からのはじまりを問うていると要約できる」。「絶対的に不可欠で必然的な」近代国家として、「新しい国家」の「本質」はすでにある。来るべき国民国家を形成しうるだけの諸条件（イタリア人の国民としての文化的一体性、教会と都市国家の政治的機能不全、等々）を、イタリアはすでにもっている。手紙は「諸条件は〔新しい国家の形成に〕完全に好都合」だと述べる。けれども「同時に完全に不都合」だとも述べる。なぜなら、それをめざした「政治的動き」はどこにもないし、教皇領にもフィレンツェその他の「公国」にも新しい国家に役立ちそうな「政治制度」はまったくないので。抽出されれば新しい国家の粗い設計図になるような要素が、現実のなかには見あたらないのである。だから問題は「無からのはじまり」と定式化されうる。近代国家はマキァヴェッリの著作のなかに、「本質」だけが「存在」から切り離されてある。現実的存在者の世界には、「無」としてあるのだ。

とはいえ、自らの講義におけるマキァヴェッリ問題を事後的にこのように定式化してみせるアルチュセールの講義には、実際には「完全に好都合かつ完全に不都合」という逆説による状況規定はおろか、新しい国家は「絶対的に不可欠で必然的」であるという認識さえ登場しない。講義におけるそれに類似した分析は、イタリアの状況を「形相を欠いた質料」とアリストテレス用語で規定する箇所のみだ。「新しい君主」がその「形相」であると言われるのだが、状況を逆説によって特徴づけ、その逆説が「無からのはじまり」を問題化するというストーリーは講義そのものには見られない。講義が俎上にのせる逆説は、マキァヴェッリは理論的概念をもたない理論家である、という点のみだ。手紙と同時期に行われていたスピノザを読む作業が、過去のマキァヴェッリ講義と出会って、「中心問題」へと凝固したと考えるべきである。

一九七二年から晩年にわたり断続的に書き続けられた「マキァヴェッリとわれわれ」は、六二年のマキァヴェッリ講義とは異なり、この「中心問題」を正面から取り上げる。それはまた、まだ存在しないイタリアがそのイタリアを生むという逆説に、一つの「政治」や「政治的なもの」ではなく「政治」そのものの範型を見いだそうとする。イデオロギー装置論による「個体の存在論」が上から——神／国家から——の個体性維持の理論であったとすれば、「マキァヴェッリとわれわれ」における「個体の存在論」は、個体性の下からの構成論であり、この構成を「政治」と定義づけようとする試みだ。「政治空間」をなす「場所」や「点」——新しい君主や政治党派など——の「努力のいっさいは、自らに実在性を付与しようとするところにある」。もちろん、この政治には個体性の維持も含まれている。「はじまり」は、はじまる当のものが持続しなければ、「はじまり」とは言えないのだから――「はじまりはことがらのすべての規定にかかわり、時とともに移ろうことなく、ことがらそのものとともに持続する」。ヴィルトゥがコナトゥスよりも広い概念であるゆえんである。

「実体」になる――倒錯的スピノザ主義

無からのはじまりを問うのであるからそれだけで十分に分かるとはいえ、このように定義される政治とは、スピノザ的意味における実体になろうとする、これもスピノザ的意味における個体の努力である。有限様態が実体として、あるいは実体のように振る舞おうとする。あくまで決定される存在にすぎないものが、決定者を模倣しようとする。そのように言い換えてみると、アルチュセール的政治がスピノザに照らせばいかに倒錯しているかよく分かる。〈私〉は神だ、と有限様態が言わなくてはならないのである。シュレーバーの妄想にも引けを取らない。

同時に、アルチュセール的政治が、いわゆる「構成的主体」から出発して政治を概念化する主体主義の諸潮流――アルチュセールによればサルトル、現代ではネグリ(?)――から遠いことも明らかだろう。「主体」の「本質」に「存在」が欠けていることこそ彼の出発点であり、存在の自己原因たる実体の力能をそのまま「主体」に移植してよいなら、政治など不要だからである。アルチュセール的ヴィルトゥ／コナトゥスには、実体すら個体の存在を決定しない

──実体の決定には空白がある──という実体把握が前提になっている。この未決定まで含んで実体を模倣しようとするのがアルチュセール的な個体であり、成功するとはかぎらないという未決定を含んで「努力」の概念はある。

スピノザの実体は全宇宙に一致するから、それ自体で一個の「個体＝分割されざるもの」である。スピノザにおいて、実体が一つであることと、無限の宇宙は分割不可能であることは同じであり、彼はそこから宇宙には真空（＝空虚）がないと結論づけた（I部定理一五注解）。真空はあくまで個体と個体のあいだに認められるべきものであり、個体が合体して複合個体になり、それらがさらに大きな複合個体を形成するにつれて、想像力が「あいだ」に感知する「真空」と、真空概念に含意される「出会い」の偶然性は、文字通り実体的に減じていくはずであった。「精神は自然の共通的秩序からものを知覚するたびに、言い換えれば、外面的に、ものの偶然的出会いから、あれこれを観想するように決定されるたびに、自分自身や自分の身体、そして外部の物体について十全な認識をもたず、ただ混乱した〈そこなわれた〉認識しかもたない」（II部定理二九注解）。

アルチュセールを刺激したにちがいないドゥルーズの次の言葉は、スピノザについては完全に正しいだろう。「偶然的 *fortuitus occursus* と言われるが、スピノザはそこ（同定理二九以降の「出会いの秩序」）にいささかも偶然性を導入し直すことがない。出会いの秩序はそれ自身として完全に規定されている」(『スピノザと表現の問題』)。アルチュセールはこの実体に、それが「自己原因」であって他なる原因の「無」からはじまっている——それより「前」にはなにもない——という点で偶然性(=必然性の不在)を認め、この実体の活動である無限から有限への様態変様の瞬間ごとにまた、「存在」をめぐる偶然性の生起——残存ならぬ——を認めた。彼にとっては、実体こそが自らに固有の偶然性を生産しているのである。

したがって、偶然を境位にしてはじまり虚しく終わるかもしれない個体の「努力」は、それ自体が実体の活動を模倣している、と考えることには一貫性がある。アルチュセールには、この模倣、反復こそ、実体が様態変様していることの証であったろう。彼には実体とは、あらゆるものに自分の真似をさせるものであったろう。実体のように活動するから、個人はコナトゥスをもつ。実体のようであるから、イデオロギー装置も「作者なき演劇」を演出する。では国家は？　それを描こうとするのが「マキァヴェッリとわれわれ」にほかならない。

二重の包摂が転移する——「マキァヴェッリとわれわれ」

実際、このテキストは『資本論を読む』が実体の構造——構造である実体の構造——として取り出した「二重の包摂」を、まるで様態変様させるかのように次から次へ転移させていく。

まず、『君主論』と『ディスコルシ』というマキァヴェッリのテキストに含まれる「理論」

と、チェーザレのような誰かを主体とする「政治実践」のあいだに成立する二重の包摂。この誰かには、『君主論』をロレンツォ・デ・メディチという実在の君主に読ませるべく書いたマキァヴェッリ自身も含まれる。もちろん、ロレンツォも、そしてテキストは刊行されるのだから、無名の読者大衆も。テキストは彼らに対し直接的に政治的効果を発揮すべく、「政治空間」のなかに挿入される。それは彼らを「扇動」しうるものでなければならない。

しかしこの空間を設定し、そこが現在どのようになっているのかを規定するのはテキストである。状況の記述はテキストに含まれる理論に完全に依存している。理論が異なれば、状況は別様に描かれていたろう。イタリアを政治的な「無」として、「形相を欠く質料」として、新しい国家にとって「完全に好都合かつ完全に不都合」な状況として描くことを可能にするのはあくまでマキァヴェッリの理論だ。その理論が、理論は政治空間のなかにあると告げる。理論は政治的主体の視点からしか書かれえない、と説く。この二重の包摂の効果＝結果を、アルチュセールはスピノザにおいて精神と身体の関係を特徴づける「変様」の語で規定する。「理論的テキストのあり方と配置が、政治実践によって変様される」――観念が「身体の変様の観念」であったように。

包摂の次なる二重性はこの「視点」をめぐって現れる。『君主論』が想定する政治的主体は言うまでもなく君主である。イタリアを政治的苦境から脱出させ、そこに新しい国家を創設するのは君主の仕事である。正確を期せば、チェーザレのような例外的位置にある個人が自らのヴィルトゥによりイタリアの君主になっていくプロセスが、その創設である。彼は教皇の私生児であり、既存勢力のなかでは取るに足らない人間、「なにものでもない人 homme de rien（無の人）」であった。そんな個人であることも彼のヴィルトゥの一つである。「国家を創設するには一人でいなければならない。（……）絶対的はじまりは、創設者の絶対的孤独を要件とする。君主の孤独は、状況の空虚さと正確に対応している」。来るべき国家は国民国家すなわち「民衆」を主体とする国家であるのに、誰よりも状況の空虚にあえぐ当事者たる彼らには、創設の政治的主体になるヴィルトゥが欠けているのである。苦境の犠牲者であるからである。犠牲者は同時に弱者であるからである。彼らにはサヴォナローラのような宗教指導者——悲惨をもたらす「悪」からは遠い「徳」の人——にすがることしかできず、その指導者さえ、彼らは恐怖に駆られて殺してしまった（スピノザがオランダにおいて希望を託した「リベラル」な政治家、デ・ウィット兄弟の運命に重なる）。ゆえに新しい国家を創設する君主のヴィルトゥとしては、既存の政治勢力に属さないことに加え、民衆から愛されるより恐れられることが求められる。民衆から距離を取るからこその「絶対的孤独」である。

ヴィルトゥをもたないという民衆観をマキァヴェッリに与えるのは、君主の視点である。創設に必要なヴィルトゥに照らして、民衆は政治実践の主体たる地位から外される。けれども、

「なにものでもない人」をその主体として指名するのは、「状況の空虚」を体現する民衆の視点である(「われらのミラノ」におけるルンペン・プロレタリアートの役回りに重なる)。来るべき国家の主体の視点である。君主は民衆の視点から眺められているからこそ、反逆者たちには残忍であれ、統治には奸計を弄すべし、云々という君主への説諭——史上名高い「マキァヴェッリズム」——は生まれた。その点を読み取ったルソーの言によれば、マキァヴェッリは「王たちに教えを授けるふりをして、民衆に偉大な教えを授けた」。ルソーには『君主論』は共和主義者の書物である」。

民衆の視点から眺められた君主その人も二重の存在である。君主とはフォルトゥナ *fortuna*(運)とヴィルトゥの「出会い」の「凝固」である、とアルチュセールは規定する。というか、そのような偶然性唯物論の語彙による規定をマキァヴェッリから引き出す。そのうえで、「凝固」とはヴィルトゥがフォルトゥナを「支配」している状態であると定義する。しかし「支配」の好例であるチェーザレ——「幸運をヴィルトゥにより持続可能な構造に変質させた」——がアルチュセールに教えるのは、「支配」が可能かどうか、いつまで続くかどうかはフォルトゥナ次第である、という逆の「支配」だ——「沼地で罹った熱病、この死の病が彼の運命を決した」。フォルトゥナを「支配」するヴィルトゥはフォルトゥナに「支配」されている。それをさらに「支配」しうるヴィルトゥをもたなければ、新しい国家は創設されないだろう……。

この「支配」のための政治実践もまた二重化されている。これも名高い「獅子」と「狐」、すなわち「力」と「知」だ。アルチュセールはこれを彼の国家装置概念と結びつけている。固有の政治実践、他の活動には還元しえない政治そのものである政治、新しい国家を個体として出現させる政治が、暴力装置とイデオロギー装置の二重の包摂によって定義されるのである。それ自体が二重の包摂の構造（「作者なき劇場」）をもっていたイデオロギー装置が、今度は警察や軍隊といった暴力装置とのあいだで同じ包摂の関係に置かれ、一つの「機械」――まさに個体だろう――を形成するとされる。「マキァヴェッリがどこかで一個の「機械」であると述べているこの国家……」。イデオロギー装置は暴力装置に支えられなければ作動せず、暴力装置はそれ自体がイデオロギー装置として働き（特に「国民軍」のイデオロギー的機能が強調される）、両者は合体して一個の「機械＝国家」をなす。

アルチュセールは、「機械」を比喩以上の概念に仕立てたのが自分であることを忘れていたのだろうか。「機械」とは、彼が『資本論を読む』においてマルクスの構造概念をその語の用法に発見した『資本論』の用語だ。同書のそこかしこに散見される機械制大工業をめぐる記述に、アルチュセールは「資本主義システム」（＝生産様式）自体の描写を読み取り、それを「作者なき劇場」と特徴づけたのだった。「機械」とはしたがって、彼の目に映るスピノザ的実体の概念にほかならない。スピノザの「霊的自動機械」はアルチュセールにおいて暴力装置という

「身体」を得て、「実体＝国家」になる。「個体」になる。

しかし、スピノザとの関係においてもっとも注目すべきは、国家という個体は厳密に言って、「本質」だけを先に与えられた有限様態の「存在者」化ではない、という点だろう。新しい国家は、ギリシャ以来、政体論的に一般に混合政体と呼ばれる政体にとりあえず一致する。それぞれ固有の欠陥をもちサイクルをなして移行する三つの政体――君主政、貴族政、民主政――を結合させた政体である。混合政体の理念はそれらを結合させることで互いに欠点をカバーさせ、国家の持続を図ろうとする。モンテスキューがそれを近代的な三権分立論へと発展させたことはよく知られていよう。

しかしアルチュセールにとり、「マキァヴェッリはモンテスキューとはまったく別の思想家である」。混合政体をもつ新しい国家は、四つ目の政体ではないのだ。「マキァヴェッリの関心は(……)政体にはなく、国家の持続にある」。「政体」は歴史の「一般理論」によって決定される「本質」であり、「一般理論」は三つの政体＝本質を区別しつつその循環を「法則」として与える。ところがマキァヴェッリの「混合政体」はこの「法則」のなかにはない。それはアルチュセールの言葉をそのまま引けば、「サイクルを免れようとする意志」であり、「一般理論の重力から逃れさせてくれるもの」である。「混合政体」の概念により、マキァヴェッリは「理論的空虚のなかへの一つの跳躍、一つの先取り」を果たそうとする。

それがどういうことかは「先取り」に注目すれば分かる。「混合政体」は国家が新しい君主によって創設されたあと、その君主＝国家が法によって自らに与える「本質」にほかならない。国家の登場以前に、この「本質」はなかったのだ。「混合政体」の概念が占める場所は「理論的空虚」であった。この「本質」を獲得することにより、政治実践の主体としての君主は、国家の主体としての民衆に主体の座を譲る。「自らが与える法により排他的権力を手放すとき、創設者は孤独から脱する」。民衆の記憶のなかに消える。「存在」が「本質」を自らに与えるという点でも、新しい国家は自己原因たる実体だ。この個体＝国家においては、「存在」と「本質」が互いに包摂し合っている。一致している。神におけるように。しかし、「法則」を外れ、「持続」を任として自らに課さねばならないとは、なんと哀れで無能な「神」であることか……。

第五章◆スピノザから遠く離れて

一『神学政治論』でも『政治論』でもなく

スピノザ「革命」続く

フランスの書評誌『マガジン・リテレール』二〇一七年一一月号が、特集テーマにスピノザを取り上げている。表紙もよく知られた彼の肖像画である。巻頭言はこうはじまっている。「哲学の正統からは長く愛すべき奇人とみなされてきたスピノザは、この二一世紀の冒頭、もっとも参照を求められる知的典拠の一つとなった」。巻頭言は「スピノザ、ある革命の歴史」と題されている。スピノザが「もっとも参照を求められる知的典拠の一つ」になったことを「革命」と呼んでいるわけだ。続けてこうある。「もっとも興味深い点は、好対照をなす陣営どちらの典拠にもなりうることである。陣営は敵対し合う場合さえある」。巻頭言の二人の筆者はスピノザを典拠とする「知的ファミリー」を、マルクス主義、哲学、精神分析、社会学などの領域から七つ取り出しているのだが、名前を挙げられた人々のあいだの影響と対抗の関係をたどっていくと、そうとは明示されていないものの、「革命」の発端にはルイ・アルチュセールがいる。

講壇的哲学史研究の世界からスピノザを思想的抗争の場に連れ出したのは、『マルクスのために』と『資本論を読む』である。アルチュセールが二著を通じてスピノザをマルクスの先駆者と位置づけ、それによりマルクス主義の刷新を図ったことにより、スピノザ哲学は現代の政治思想における重大な賭け金となった。アルチュセールにとり、スピノザはマキァヴェッリと並び哲学における唯物論「陣営」を代表する一人である。それに対し奇人スピノザを愛した正統哲学者たちは、アルチュセールによれば唯心論者であったから（アラン、ブランシュヴィック、プレイヤード版『スピノザ全集』の訳者たち……）、「革命」は発端においてすでに未来を予示していたかのようである。すなわち、敵対する陣営の両方から愛されること。

この両義性こそ、マルクス主義衰退ののちにも、スピノザ「革命」を今日まで持続させる力になったはずだ。マルクスの先駆たることにさして意味がなくなっても、スピノザは、マルクスの敵にも愛される特異な人であったから、講壇的哲学史に戻らずにすんだ。それどころか、勝利した陣営内部における獅子身中の虫のような役目を、勝利を寿ぐことのできない人々から託された。今日の政治思想におけるスピノザの名前は、グローバル資本主義の最先端において「自由」と「共同性」をつなぐ蝶番の地位に押し上げられている。それを、七大「知的ファミリー」の分布図は浮き彫りにしている。かつて資本主義の専売特許であった「自由」と、社会主義／共産主義のそれであった「共同性」を、「今日のスピノザ」は矛盾なく共存させているのである。アルチュセール以前にスピノザが「二股」(本書第一章)をかけていたのかもしれない。「革命」の持続はその成功の証かもしれない。この未来を予感してアルチュセールはスピノザを愛したのか?

リベラル・スピノザ主義 vs. アナーキー・スピノザ主義

とはいえ、「二股」が「革命」に持続力を充塡していたとすると、それはすなわち、スピノザを典拠にすれば思想的敵対性が消滅してしまう、したがってスピノザは「転向」の格好の隠れ蓑になる、ということでもあるだろう。そもそも「神即自然」などと言ってしまえば、唯心論と唯物論は同じである、したがって宗教と科学も同じである、と言ったも同然である。実際、『神学政治論』においてスピノザはそう言おうとした。神を信じる宗教者と自然を知ろうとする「哲学者」(科学者)は同じゴールをめざしている。だからいがみ合わずに共存しよう、それぞれの道を邁進しよう。哲学者たる私は、あなた方宗教者の迷信、妄想、虚偽を断罪せず、それらの宣伝を妨害しないから、私の研究とその成果の公表を邪魔しないでくれ。言論の自由とセットにして思想信条の自由を提唱する近代的なリベラリズムである。

もちろん『神学政治論』の政治思想史的な意味は、当時の宗教的な権威と権力に対し「自由」を求めたところにとどまるものではない。同書のスピノザは、異端者の追放や異端書の発禁を命じたりすることのできる「権力」に寛容を求めているというより、その「権力」を説得しようとしている。「自由」を制度として保障したほうが、「権力」の安定と持続にとってよろしいですよ、「自然の知」はそう教えていますよ、と。「権利」としての「自由」ではなく、「権力システム」としての「自由」を、スピノザは要求ではなく論証しているのである。『神学政治論』が近代リベラリズムの古典たるゆえんだ。論証の要が、宗教／信仰と、哲学／認識の根本的同一性である。宗教の側が知らないこの同一性を哲学は知っており、宗教はそれを知らないせいで、哲学を攻撃しつつ実は自分自身の根本を掘り崩している。したがってリベラリズムこそが宗教を救うだろう。無知な民衆は分かりやすい宗教を必要としているから、救われた宗教は国家を救うことにもなるだろう。おおむねこれが、『神学政治論』による説得の論理である。現代の「革命」以前にも、たとえばワイマール体制下のドイツで、この論理に説得された若きユダヤ人哲学者レオ・シュトラウスは、同体制のリベラリズムに希望を託した。

それに対し、『神学政治論』よりもあとに書かれ、スピノザの死により未完に終わった『政治論』のスピノザは、もはや「権力」の安定など一顧だにしていないように見える。『神学政治論』のリベラル国家は「自由」を保障する法治国家であり、法の効力の源泉にホッブズ的な「社会契約」があることは当然視されている。「各人が自分のもつあらゆる力を社会に譲渡すれば、社会はあらゆることに及ぶ最高の自然権を、つまり最高の権力をもつことになるだろう」

性にそのまま横滑りしてしまう。法とは民衆から「契約」により国家に譲渡された民衆自身の自然権であるから、民衆は法を守らねばならない。『神学政治論』のスピノザはホッブズのこの論理に疑いを差しはさまず、そこに、法に背く者は聖書の教えに背く不敬な者でもある、という論点を加えた。宗教と哲学の同一性が、聖書と国家の二つの法の同一性にそのまま横滑りして重ね合わされているのである。

ところが『政治論』のスピノザははっきりと、自然状態と社会状態の区別そのものを否定する。「人間の自然権は各人に限定され、各人に帰属しているかぎり無きに等しく、現実においてよりもむしろ空想において存在するにすぎない」(第二章一五節)。政治は各人の「コナトゥス」(本書第四章)の自由な展開に委ねられる。そこでは各人が自己保存のためになしうることがそのまま「権利」だ。もちろん「コナトゥス」の全面的肯定は政治を暴走させるだろう。それは悪政に対する民衆の「憤激」に歯止めをかけず、国家を崩壊させる革命にまで政治過程を進ませずにおかないだろう。それでも、だからこそ国家はつねに悪政を避けようとし、結果的に国家は安定し、強くなるだろう。国家にも「コナトゥス」はあるのだ。この均衡状態が『政治論』の言う「絶対的統治」である。

アナキズムが最適国家を作ると言っているに等しい。『エチカ』の「神即自然」が、『政治論』では「自然」と「社会」の区別の否定を経て、統治の「不在」と「存在」の一致に変奏されているのである。統治システムとしてのリベラリズムを推奨する『神学政治論』とは明らかに異なっている。そんなシステムを構想するな、構想しなければ「統治」はおのずと「絶対的」になるであろうと説くのであるから。マルクス主義の衰退とともに、かつてのマルクス派と新しい反資本主義派のなかから、この『政治論』のスピノザを援用する人々が多く現れた。その代表格がアントニオ・ネグリである。彼らは「神即自然」をさらに「特異性即共同性」へと変奏する。勝利した新自由主義は「コナトゥス」の単位が「企業」であると言わんばかりに、国家のうちとそとで「市場原理」をそのまま「法」にせんとしているが、もっと特異性を求めよう、特異性を「商品」から解放しよう、そうすればもっと民衆の共同性が実現されるだろう、と。今日では彼らのアナーキー・スピノザ主義が、国民国家の再焦点化により復活した『神学政治論』のリベラル・スピノザ主義と、「敵対」を含むあいまいな共存を果たしている。

スピノザの無力

『神学政治論』のスピノザか、『政治論』のスピノザか。本書を通じて見てきたように、アルチュセールにはどちらを選ぶのか、二人のスピノザの連続性ないし非連続性をどう考えるのかといった問題が存在していない。リベラリズムか、バージョンアップした共産主義か、というスピノザ「革命」の深部に横たわる争点に、「革命」の端緒を開いたアルチュセールは無関心である。「革命」の現状は、カトリシズムか共産主義かという彼自身のかつての問いをほとんど反復しているというのに。彼の出した答え――「両方同時に」――が正解であったと実証してくれているかのような「革命」の現状から、アルチュセールはいち早くスピノザその人を別のところに連れていったように見える。振り返って確認しておこう。

『政治論』のスピノザは彼にとり、なによりマキァヴェッリを教えてくれた人であった(本書第二章)。マキァヴェッリは「理論家」スピノザに「私は政治学に取り組むにあたって、なにか新しいこと、人の言わなかったことを持ち出すつもりはない」と言わせた「経験主義者」である。理論の無力について理論的に考えさせてくれた人である。政治の理論には歴史的に種々のバリエーションがあったとアルチュセールも認めるものの、彼はそれらを、政治を「人間学」によって基礎づける試みと一括している。試みそのものが政治実践にとって無力だとみなすのである。その試みのなかに、『政治論』の「コナトゥス」論が含まれていないわけはない。「私」の「コナトゥス」は隣人の苦境を「私」のものと感じさせ、この「憐み」を苦境の源たる悪政への「憤激」に転じさせて政治過程を革命に導く、という「感情の模倣」と「伝播」の理論が「人間学」でないわけはない。スピノザ自身が『政治論』の冒頭でそう断っている、とアルチュセールは受け取っている。今日まで生きていれば、彼は言ったであろう。アナーキー・スピノザ主義が依拠する政治の基礎理論は、経験に適合するとスピノザも認めたけれど、スピノザはそれと同時に、政治の人間的基礎が分かったところでなんになる、と言っているではないか。「世に理論家すなわち哲学者ほど、国家を統治するに不向きな者はいない」(『政治論』第一章一節)。「〔経験によって〕見つけ出され試されたことのないようなものが、たんなる思索によって編み出されうるなどとは思わない」(同三節)。かくてアルチュセールには、理論と経験の「並行」ないし「回転扉」が問題になった(本書第二章)。彼には、なにを基礎づけ正当化しようと、『政治論』の理論はさして重要ではない。というか、国家の命運を自然史的に記述する政治の純粋理論なるものに、彼はそもそも不満である。

第四章で見たように、アルチュセールは『神学政治論』にも不満がある。同書のスピノザはまるでイデオロギー装置なしで人が「神の法」を受け入れ、敬虔な信者かつ善良な市民主体になるかのように語っているではないか。もちろん、スピノザは聖書の教えを聖職者が民衆に説くだけでいいと楽観視しているわけではない。教えに背く行為をなした者は、国家の法によって罰せられるべし。神の法と世俗の法の最終的一致を『神学政治論』のリベラリズムは説いている。しかしアルチュセールには、教会に代わって国家が不敬な者を罰すれば、民衆が敬虔かつ善良になるとはとうてい思えない。宗教と哲学が共有するとされるゴールに、適用範囲の限定――言論の自由を侵さない――を含む法治の厳格化だけで到達できる、とは。だから彼は、スピノザに替えてパスカルを援用した。二つの法の最終審級――「実体」である――における一致に替えて、スピノザが退けた宗教的儀礼に、信仰の、かつ法の主体をあらためて別様に裏打ちさせた。アルチュセールにとっては、言論の自由などでは国家は安定しえないのである。呼びかけられた個人が必ず振り向いて主体になるとはなんと楽観的であることよ、という彼に浴びせられる揶揄は、アルチュセールにしてみれば、『神学政治論』のリベラル国家論に対してこそ向けられるべきであったろう。儀礼を排しても、人は神と国家からの呼びかけに応えてひざまずくというのだから。

この不満にも、マキァヴェッリがかかわっていた。アルチュセールにとってスピノザの「コナトゥス」は、マキァヴェッリの「ヴィルトゥ」と一致させるべき概念であった。厳密には個体の存続のみにかかわる「コナトゥス」は、個体を発生させる「力量《ヴィルトゥ》」に拡張されなければならなかった。「私」であれ国家であれ、安定して存続する前に存在していなければならないだろう、というわけである。それが、マキァヴェッリについて講義しスピノザを読むなかでアルチュセールに凝固した(一九六二年。本書第二章)、「ぼくの中心問題」であった。『神学政治論』は国家の権利上の発生を「社会契約」に帰し、事実上の発生については記述的にしか(=聖書をなぞってしか)語らない。『政治論』は事実上の発生を語るかに見えて、それを「憤激」の情念が繰り広げる自然史的過程のなかに置いて解体と連続させ、固有の問題としては消した。というか、マキァヴェッリ的経験に委ねる選択をした。スピノザには個体の発生を説明するという意味における「個体の存在論」がないのである（本書第四章）。しかしそれを代わりに作っては新たな「人間学」となり、「経験」の重みを無に帰することになる。だから、つねに実は「ない」かもしれないという危機にさらされている「個体」を、イデオロギー的に「主体」として「ある」ことにする「装置」を、アルチュセールは着想したのである。

二　哲学、政治、歴史

「哲学とは理論における政治である」

リベラリズムとアナキズムではどちらがより強い国家、より「よい統治」をもたらすかではなく、国家は「私」同様に「ない」かもしれない、というところにアルチュセールが政治を問題にする起点はあり、その問題は、では「あらしめる」にはどうすればよいか、という技術論に政治を帰着させる。マキァヴェッリからアルチュセールのもとに到来したこの政治観が、哲学をいかにはじめるか、哲学においていかに「はじまり」を「あらしめる」かという、スピノザから彼が読み取った固有の哲学問題と結びついた（本書第二章）。政治と哲学が問題として一つになるのである。「哲学とは理論における政治実践である」という「レーニンと哲学」（一九六八）の名高いテーゼは、そのように読むことができるだろう。もちろん両方を「はじまり」

問題として「並行」させる「一」であって、観念／理論と、身体／実践との統一を説明する「人間学」をアルチュセールがもっているわけではない。「スピノザ＝マキァヴェッリ」問題としての、「哲学＝政治」である。

スピノザ「革命」におけるアルチュセールの特異なところは、一つにはこの問題をつまり「理論」的に解かなかったことにある。リベラリズムもアナキズムも、いわばそれを解くことで成立する。自然状態から社会状態への「契約」による移行か、それとも自然状態＝社会状態か。いずれも国家のはじまり問題を哲学的に解いている。解くことで政治を哲学に連続させている（その意味において、いずれも「政治哲学」である）。それが解かれることで、哲学のはじまり問題は消えている。消えるという解かれ方をしている（哲学はどこかですでにはじまっている）。契約を結ぶ程度に理性的な人間か、つまり契約があったことにして法を遵守することが利に適うと判断する程度に合理的な人間か、それとも「情念」に盲目的にしたがい国家を生成－消滅させ続ける人間か。人間として「私」はとにかくすでに「ある」。はじまっている。

アルチュセールはいずれも選ばずに、また第三の人間学を作って解くこともせず、問題を別のところに送ったのである。「イデオロギー装置」である（本書第四章）。一つの問題領域を新しく開いたと言ってもいい。彼はイデオロギー論文（一九六九）を含む著書を完成しなかったのだから（本書第一章）、開いただけで放置したと言ってもいいのだが、「装置」論のスピノザ「革命」における特異な位置は、同論文がそれ自体としてはほとんど顧みられなくなった「革命」の現時点において、強調するに値するだろう。「装置」はなにをするのか、目的をどこまで果たすのか、そもそもどうなっているのかは、この論文を「断片」にすることでアルチュセールが積極的に未解決なままにしておいたとみなすべきだろう。「装置」の目的、限界、歴史的様態を、アルチュセールは未踏の探究領域として残しておいた。

といって、この領域が一種の歴史社会学を構成し、あとに続く者がそこを実証的に探索すればいいというのであれば、「スピノザ＝マキァヴェッリ」問題はこれまた解かれたことになる。「人間」に替えて「歴史」を持ち込むからである。マルクス主義者たるアルチュセールは同時に史的唯物論者であったから、それは当然のことのように思えるものの、それでは、ヘーゲルの代わりにスピノザをマルクスとともにあらしめようという彼の出発点を無視することになる。問題を振り出しに戻すだけだ。「装置」論をどう受け継ぐかは、「スピノザ＝マキァヴェッリ」問題がアルチュセールに凝固した一九六〇年代前半にまで遡って考えられるべきだろう。「装置」論は、そもそもそうした文脈で読まれるべきだろう。

「『神学政治論』がスピノザの『資本論』である」

すると、スピノザ「革命」におけるアルチュセールの第二の特異性が浮かび上がる。第二章で見たように、「スピノザ＝マキァヴェッリ」問題は彼にとって同時にフーコー問題でもあったのである。デカルトについて『狂気の歴史』で詳細に論じておきながら、スピノザについてはその後の著作や講義でほとんど取り上げることのなかったフーコーが、アルチュセールには「ぼくの中心問題」を凝固させるうえで一役以上の役目を果たしている。ところが先の七大「知的ファミリー」のどこにもフーコーの影はない。しかしアルチュセールにおいては、「狂気」の歴史が、統一されずに一対となった「政治と哲学」に、いかにしてかはさておき深部において接合されている。

政治と哲学と歴史を統一させるのが『政治論』の「人間学」であり、『エチカ』の「実体」であり「神即自然」であるとすれば、「哲学＝政治」を理論的に解かなかったアルチュセールにおいて、「歴史」はそこに統合されようもない。「哲学＝政治＝歴史」が理論的に成立するなら（＝解けるなら）、ヘーゲルをスピノザに取り換える必要はなく、一七世紀に戻ればよいだけだ。モンテスキューの専門家として論壇に登場したアルチュセールには、モンテスキューが「歴史の大陸」を知に開くことで解体したのは、一七世紀「人間学」の「哲学＝政治＝歴史」図式だったのである。哲学と政治への「歴史」の接合のされ方には、弁証法とも「人間学」とも異なったところがなければならない。

フーコー的な「歴史」がそこにどうかかわったかを見る前に、スピノザとの関係におけるアルチュセール的な「歴史」の奇妙なところを確認しておこう。

アルチュセールは『神学政治論』における「イデオロギー装置」の不在――「儀礼」を抹消する政治――に不満を抱えながらも、「歴史」をいかに認識し、記述するかについては同書が範例になると言うのである。『エチカ』でも『政治論』でもなく『神学政治論』を、彼はすぐれてスピノザ的な「歴史」書だと考える。「完璧だと思える例を、私はスピノザがユダヤ人の歴史を扱っている『神学政治論』に見いだした」(「唯物論のユニークな伝統」一九八五)。正確に記せば、『エチカ』がその概念を「いかなる具体例も挙げることなく」提示した「第三種の認識」の「例」である。とはいえまた、「唯物論のユニークな伝統」が強調するところでは、歴史を認識するとは煎じ詰めれば「状況」と「ケース」(症例)の特異性を把握することにほかならず、『エチカ』はV部において、「第三種の認識」を語ることにより、歴史のこの真の対象を特定した。「理想的平均」としての「生産様式」を定義するところまでしか進まなかったマルクス(本書第三章)を越えて、『エチカ』のスピノザこそ、歴史上の「移行」、真に歴史的な変化、革命的な出来事、したがって根本的に新しいものの「はじまり」を、「対象」として摑んだのである。ただし、一般的に「摑んだ＝認識した」にすぎず、第三種の認識の「具体例」を『エチカ』では示さなかった。その欠を『神学政治論』は埋める、とアルチュセールは考えるのである。『エチカ』と『神学政治論』の関係をそのようにみなした人は、講壇的哲学史研究にもスピノザ「革命」にも彼以外にいない。

アルチュセールは『神学政治論』のこうした特異な読み方を、一九六〇年代からすでにもっていたらしい。六六年七月、共産党の中央委員を務める哲学者ヴァルデック・ロシェと私的に対話した直後にしたためた備忘録に、こんな記述を残している。「ぼくは彼〔ロシェ〕に言った。『エチカ』は狭き門だ。『神学政治論』からのほうが入りやすい。『神学政治論』がスピノザの『資本論』である。スピノザがそこでなにより取り組んでいるのは歴史と政治であるので。Wは明らかに驚いていた。ぼくは言った。スピノザはマルクスの唯一の先祖である」。このときアルチュセールはすでに、『資本論』の真の対象が「理想的平均」からのずれであると主張していた（「資本論の対象」一九六五）。「政治状況」は重層的に決定され、歴史を動かすときには必ず特異で「例外的」である、と書いていた（「矛盾と重層的決定」一九六二）。スピノザにおいてもそうであることは『神学政治論』を見れば分かる、と語ってアルチュセールはロシェを驚かすのである。どこからそんな読み方が出てきたのだろうか。

「狂気」の歴史である「歴史」からである、と言ってしまおう。

三　起源、深淵、個人／狂人――フーコーと共闘する

『狂気の歴史』は「歴史の起源」を問う

一九六二年末から六三年初頭にかけて高等師範学校で行われた連続セミナー「構造主義の起源」における自分の二回の発表を、アルチュセールはともにフーコー『狂気の歴史』の解読にあてている（本書第二章）。それを準備する過程では、フランカに対し、「この仕事」を一六―一八世紀の政治思想にかんする自分の博士論文に組み込むつもりだ、と語っている（一九六二年一〇月五日の手紙）。

一回目の発表「歴史の起源」では、冒頭からこう宣言される。「狂気の歴史というけれども、これは偽の歴史だ」。「狂気」を対象にする歴史書ではなく、歴史そのものを対象にしているというのである。一七世紀と一八世紀が扱われているけれども、一七世紀にまだ「狂気」はなく、「理性」の欠如である漠とした「非理性」があるだけで、一八世紀になってそれが「モラル」の領域に移され、「狂気」として囲い込まれた。やせ細った理性であるかのように「理性」と連続していた「非理性」が、それ自体として切り取られ、真偽ではなく善悪を判断される別の領域のなかに移された。この「切断」こそ『狂気の歴史』の対象であり、それは実のところ「歴史」そのもの、というか「歴史」なるものを成立させる切断である。それは、アルチュセールがかつてモンテスキューに見いだした「（歴史という）新大陸の発見」の下に横たわる、「大陸」と「発見」両方の「起源」だというのである。彼は愛弟子の書物に、自分の研究テーマの進展に直結する貢献を見いだしている。

続く二回目の発表「フーコーと起源の問題設定」は「起源」の概念そのものを問題にする。一種のヘーゲル主義者として出発したアルチュセールにとって、マルクス主義の哲学的固有性をどこに求めるかは、それがあるのかないのかを含め、つねづね最大の理論的関心事であった。共産党公認の教義にしたがって、それを「科学」に求めても答えが得られるわけではないことは、本書を通じて見てきたとおりである。しかし二回の発表は、答えの鍵が「起源」の概念にあるとアルチュセールが見定めたことをはっきり示す。というのも、アルチュセールには「起源」は誰よりもヘーゲルの概念であり、それも一つのヘーゲル的概念というより、『大論理学』の全体に一致する概念中の概念だったからである(本書第一章)。彼がスピノザの『知性改善論』に認めたのも、ヘーゲルのように「経験」から出発しても「世界のはじまり」としての「大文字の論理」にはけっして到達できない、という難点であった(同)。マルクス主義哲学は「起源」の概念を立ててはならない、それが副題を「さまざまな起源の不等性について」とする一九六三年の論文「唯物弁証法について」の主たるテーゼである。単行本『レーニンと哲学』に収録された六八年の論文「マルクスのヘーゲルに対する関係について」では、マルクス主義がヘーゲルから受け継ぐべきは「起源も目的もない過程」という考え方であるとされている。

そのアルチュセールがここでは「起源」を語っている。そんなものはないと言うためにではなく、フーコーとともにそれがあると主張するために。それを「起源」としてもつ「歴史」をマルクス主義的「歴史」概念として据えるために。以降も彼の思考に伏在し続ける問題としての「はじまり」と、ヘーゲルの概念としての「起源」を分かつ線をはっきり引くことができたからこそ、「起源」の語を持ち出すことができたと考えてよいだろう。はじまることができない「世界」と「哲学」に、「歴史」をはじめさせる概念として。「起源」を語ってももはやヘーゲルの圏内に引き戻されない自信が、アルチュセールに「歴史の起源」を語らせたはずである。

図式はある意味で単純である。この「起源」は「抑圧」されて、「歴史」の展開から姿を消すのである。もちろん、それだけでは「歴史」がもとからあったことになる。なにかが表舞台から抑圧－排除されたと言っただけでは、そのものと表舞台はそれぞれ別の「起源」により存在－存続することになる。そのため、「抑圧されたもの」はフロイトが教えるように「回帰」し、その「回帰」が歴史の表舞台を形成する、という説明図式が発表でも採用される。しかし厳密に考えれば、「回帰」もまた「回帰」する場所が先になければ不可能であるだろう。「抑圧」は、「回帰」とセットになって「起源」となるためには、「回帰」と同時に生起しなければならず、この同時性、「抑圧」と「回帰」の「弁証法」が「歴史」である、とアルチュセールはまとめている。「歴史の起源」はつまり正確に言えば、一八世紀に起こった「抑圧」と「回帰」のある同時生起であり、この「矛盾」が種々の歴史ドラマを展開させるモーターになる。

以降、同様のドラマが、一八世紀以前にも遡って発見されるだろう。日付をもった出来事が、過去と未来にその振動を波及させるのだ。

そうした図式を詳述して、アルチュセールはフーコーの「歴史」には「水平」方向と「垂直」方向の二つの運動が区別できると言う。「フーコーの根本的な企図は、歴史をその展開においてたどる水平的な探求に替えて、垂直的な探求を置くところにある」。垂直方向には、「起源」を「深淵 abîme」に沈める「抑圧」と、「深淵」から「非理性」が「狂気」として表層に「回帰」する運動があり、この上下運動が、表層では「狂気」の追放——正常の「限界 limite」の「そと」への道徳的排除——と、「そと」としての「狂気」の対象化、囲い込み——精神医学への「狂気」の科学的包摂——の同時進行に変換される。「理性－非理性」と「理性－狂気」では作用する方向が異なるわけだ。この方向転換が真の「起源」となり、水平方向への効果として「歴史」が発生する。

「起源」を一つの方向転換と形式化して捉えてみると、それは必ずしも「非理性」から「狂気」へのそれに限定される必要はないかもしれない。同種の二方向の運動が交差する出来事は、異なる名前で呼ばれて「歴史」上何度も起きたかもしれない。これからも起きるかもしれない。セミナーのさいにアルチュセールが黒板に描いた「図」では、実際そのようになっている。「歴史」は「起源」の反復として、反復のたびごとに異なる水平線を発出させ、それらを多層化させていく過程として、図示されている。この図を想起しつつ、彼は数カ月後に「さまざまな起源の不等性」と口にすることになったのだろうか。

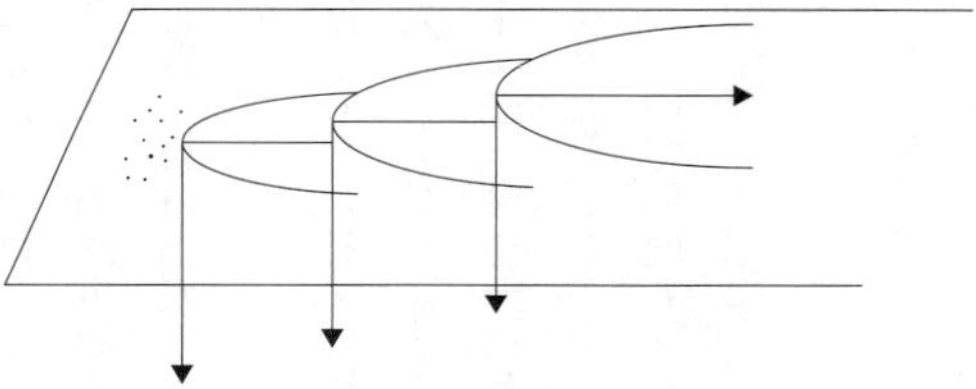

アルチュセールが描いた図

近似的には、各「起源」において「深淵」に沈められた「非理性」が「狂気」として表層に回帰すると言ってよいのだが、「非理性」は「理性」とあいまいにしか区別されなかった——デカルトに恐怖を与え、哲学の方法として絶対的懐疑を要請するほどに——から、「抑圧」され「深淵」に沈められるのは、これも正確を期して言えば、両者の近接性そのものである。『狂気の歴史』の「序文」冒頭に引かれたパスカルの言葉を、アルチュセールはその「抑圧」される近接性を指し示すものと受け取っている。「人間は必然的に狂っているので、狂人でないことは狂気の別の業《わざ》 autre tour であるだろう」。「狂気」を、ではなく「非理性」と「理性」のこの近さ、反転構造——アルチュセールの語彙では「回転扉 tourniquet」（本書第二章）——を「抑圧」しようとして、一八世紀に「狂気」の一つの「歴史」がはじまった。

「回転扉」はまた、序文のフーコーによればニーチェの言う「悲劇的なもの」を構成する。そしてそれが「深淵」に落下することではるか昔にはじまった別の「歴史」もまた、フーコーは記している。「ニーチェの示したところでは、西欧世界の歴史がそこから出発して成立する悲劇的構造は、悲劇の排除、忘却、黙せし落下にほかならない」(初版序文)。「序文」に「深淵 abîme」という語は実は登場しないものの、アルチュセールはフーコーがここで用いた「落下 retombée」という表現から、「深淵」を彼なりの『狂気の歴史』読解を支えるキーワードとして抽出したようだ。フーコーが「起源的〈分割＝分有〉partage originaire」と呼び(partageには分割と分有の両方の意味がある)、アルチュセールが「歴史」において「抑圧」されると言う(序文には「抑圧」の語も登場しない――「回帰 re-tour」は見られるものの)パスカル的「回転体 tour」が「落ちる retomber」場所、それも「歴史」において何度も落ちる場所、落ちるたびに「歴史」を多層化させる場所を、アルチュセールは「深淵」と名指すのである。

アルチュセール、『臨床医学の歴史』を読ませてもらう

けれどもどうして、「深淵」に沈められた「起源的〈分割＝分有〉」を、「狂気」をめぐる知や制度や権力の、ではなく「歴史」そのものの「起源」と考えることができるのだろうか。そこにはなにか飛躍がありはしないだろうか。なぜ「狂気の歴史」が「歴史」であるのだろうか。もちろん、アルチュセールの再現するフーコー的図式は一つの範例的な「切断」を見せてくれ

る。この「切断」は、アルチュセールが「歴史の大陸」の「発見」――「人間学」の「海」からの分離――の時期をそこに置く一八世紀に生起した。けれどもそれを「歴史の起源」とみなしては、一種類の「起源」があることになって「さまざまな起源の不等性」テーゼに相反しないか？　なぜ彼は、「狂気はその他多数の対象のなかの一つではない」とか、「歴史」を構成する「深淵」の「指標」である、とまで言うのか。

その答えもアルチュセールの発表には用意されている。ことは彼が『資本論を読む』に引用した、「作品の不在」という「狂気」の定義にかかわっている。「歴史《ヒストリー》」もまた一つの「語り le dire」(ものがたり)であり、対象をもつ知としての「歴史」の自立は、「語り」の「歴史」的に限定された「作品」化であるだろう。それに対し「狂気は、作品である歴史との対立において、作品の不在である」(アルチュセール、強調引用者)。フーコーも「序文」にこう記していた。「歴史は歴史の不在を地としてのみ、広大なつぶやき空間のただなかにのみ、可能である」。地から図として浮上する「語り」には「歴史的」に特有の「作品」諸形式がありえても、「作品の不在」はあらゆる「作品」化の手前に位置するから、この「不在」が諸「作品」を一様に「作品＝歴史」にする。

事態を別様に眺めてみよう。「非理性」と「理性」の「回転体」／〈分割＝分有〉を「深淵」に保持し、「語り」を「作品」にする「歴史」が表層に浮上すると、「深淵」にはその「作品」範疇には入らない「語り」が滞留するだろう。「深淵」はフーコーには、アルチュセールが「非‐語り le non-dire」――「ものがたり」化しない言説――と言い換える「広大なつぶやき空間」だ。そこはけっして沈黙が支配する場所ではなく、騒々しい「つぶやき」を、「言説の他者」、「他者の言説」(フーコー)としてたえず表層に押し上げようとしている。この言説はアルチュセールの表現によれば、表層における「限界」の「そと」に、「逃げ込む」場を見つけるのだ。例として彼はヘルダーリンの「作品」を挙げている。「深淵」の存在は「忘却」されても、この「そと」は忘れられるどころかたえず「なか」につきまとい、「なか」と「そと」の「弁証法」を発動させる。「歴史」を言説の闘技場にして、「なか」を「構成」する。これが「水平」方向に展開される「歴史」である。「非‐語り」は、「語り」の「作品化」としての歴史を支えているのである。「非‐語り」が条件となって成立するゆえに、どのような「歴史」も「狂気の歴史」になる。

非‐語りは一つの語り(たんに押し黙った)ではなく、維持される言説の可能性の条件である。「言説が言説の他者という形式で明らかにする具体的アプリオリ」(フーコーを引用)である。語りの実在そのもの、歴史そのものの歴史的アプリオリ、である。歴史の語りは、自らの可能性の条件として非‐語りにかかわっている。非‐語りは、語りが実際に言表されることを可能にする真の具体的アプリオリであるが、自身は語りの構造をもっていない。

（強調原文、「フーコーと起源の問題設定」）

第三章において詳細に検討した『資本論を読む』の「徴候的読解」は、「非‐語り」と「語り」のこの関係の転用にほかならないだろう。マルクスはアダム・スミスに「〈見る〉と〈見ない〉の有機的混同」――スミスにとってそれ自体は「見えない」混同――を発見して、歴史の「科学」を創設したのだった。アルチュセールはそのマルクスに、「哲学」にかかわるある沈黙、「非‐語り」を発見して、マルクス主義哲学に新しい歴史のページを開こうとした。

とはいえ、フーコーにおける〈語らない le non-dire〉をアルチュセールが〈見ない le non-voir〉に転用して「徴候的読解」という方法に仕立てた、とはどうも言えないようである。つまり、フーコーにおいて「起源」の構造論であったものをアルチュセールは「読解」の方法論に変えた、とは。両者のあいだに齟齬があるというのではない。「〈見る〉と〈見ない〉の有機的混同」はフーコーにおいてすでに、ほぼそのままの形で、方法として発見されているのである。『狂気の歴史』ではなく、フーコーにとっては次著となる『臨床医学の誕生』においてだ。連続セミナー二回目の発表「フーコーと起源の問題設定」には、同書への軽い言及がある。序文にある、一八世紀における医者の語りの転換――「どうしたのですか？」から「どこが具合悪いのですか?」へ——にかんする記述への参照を求め、こう記している。「身ぶりが経験の構造を組織する」。言及はこれだけである。

二回目の発表が行われた一九六二年一二月には、『臨床医学の誕生』はまだ出版されていない。同書の刊行は翌年の四月であり、発表に引用されている書名は『臨床医学の歴史』である。『ミシェル・フーコー思考集成』第一巻所収の年譜によれば、フーコーは六二年九月にアルチュセールに刊行前の原稿を見せている。ちょうど、アルチュセールがフランカに対し、『狂気の歴史』に熱中していると書き送ったころだ。手紙で次著のことは話題にのぼっていないものの、フーコーと電話で話したという記述はある。おそらくその会話の結果、アルチュセールのもとに刊行前の原稿が送られてきたのだろう。しかし二回の発表にそれが活用された形跡は、「どこが具合悪いのですか?」への言及以外になく(引用が序文からであるとも明示されていない)、アルチュセールは発表を準備する過程ではまだ原稿全体を丹念に読むことはしていなかったろうと推測される。その後のフランカへの手紙にも『臨床医学の誕生』は登場しない。

ところが同書の第八章「死体解剖」に引き続き、解剖学者ビシャによる臨床医学の革新を論じた第九章は « l'invisible visible » と題されている。フランス語として奇妙だ。「見えない invisible」(不可視の)という形容詞と「見える visible」(可視的な)という形容詞を二つ重ねている。定冠詞 le と形容詞を重ねると「〜なもの」という名詞を作るので、二つの形容詞のうちどちらが名詞を作り、どちらがそこに形容詞として付加されているのだろう、と読者は思ってしまう。形容詞はふつう名詞の後ろに付加されるので、visible のほうが形容詞であって章題は「見える見えないもの」かと思えるものの、本文中には l'invisible visibilité（見えない可視性）という表現もあり、にわかには判じがたい。

　とはいえ、l'invisible visible がなにを指しているかは明らかである。ビシャが病の本体、原因をそこに求め、死体解剖に励んだ体内組織である。見える体表の下にある見えない身体部分である。しかし解剖は、フーコーによれば、そこに病の原因があるとすでに見えているから行われた。ビシャ以前の医学における「見えるものの主権」――疾病を「見える」諸症状にしたがって同定し分類する――こそ、彼を六〇〇体に及ぶ死体解剖に向かわせた。体表という「ヴエールは、その本性そのものからして透明なのである」。

> l'invisible visible の形象が、病理解剖学的知覚を組織化する。（……）見えるものとは、（……）生きた個体性と、諸症状の交錯と、生体の深さとが、しばらくのあいだ実際には見えなくしているもののことである。しかし見えないものとは、個体の変異の見えなさでもあり、（……）鋭く、忍耐強い、少しずつかじっていくような言葉の努力によって、ついにあらゆる人に見えるようになるもののことである。（強調原文、『臨床医学の誕生』第九章）

「見えるもの」と「見えないもの」は一方が他方の autre tour（別の面）である回転体をなしている。両方は等価、平等である。そしてそのことが、ビシャには見えていない。アルチュセールが『狂気の歴史』に読み取った「語る」と「語らない」のあいだの関係と同型であり、『資本論を読む』における「〈見る〉と〈見ない〉」の、それ自体は見えない「有機的混同」そのものだ。l'invisible visible における二つの形容詞はいずれも形容詞であって、二つ連続して同等に一つの名詞「見えないで見えるもの」を形成する、と考えるべきだろう。〈見る〉と〈見ない〉のこの同等性、「混同」が、解剖という方法に結実したのである。すなわちフーコーにおいても、「起源」の構造は同時にすでに方法であった。「起源」は事後的に発見される出来事であるのみならず、知に携わる者が知を革新する技術でもあった。『臨床医学の誕生』と『資本論を読む』のあいだには、概念の転用ならぬ借用を認めることができるだろう。

「個人」は「見えないで見える」

「神即（すなわち）自然」ならぬ、構造すなわち方法。この等置がアルチュセールとフーコーを接近させる。アルチュセールにかんして第三章と第四章で見てきたことの一つは、徴候的読解という実践の方法が、またすなわち政治技術である、ということだった。政治の技術であり、政治的な技術であり、技術であるような政治。「主体」を「個体」として存在させるための技術。この政治技術は、アルチュセールにかんしてはたしかに刊行著作のなかで見えにくくなっていたものの(だから本書は書かれた)、フーコーにかんしては、むしろ周知のことがらに属しているだろう。名高い「パノプティコン」(一望監視装置)はまさに、ブルジョワ社会の「主体」を現実的個人として「あらしめる」ための「装置 dispositif」だ。アルチュセールの「イデオロギー装置 appareils」と目的において変わるところはない。

技術であって、「メカニズム」ではない。結果が原因から完全に決定されるところには、それがどんな因果性であっても、技術が成立する余地はない。結果が「ありそこなう」失敗がないのだから。六〇年代後半の自己批判期のアルチュセール(私は政治実践を分かっていなかった……)は、『資本論を読む』において構造的因果性による必然性と偶然性の区分と分節を確定したあと、政治を技術として自立させようとしていたと言っていい。すでに「偶然性唯物論」者であった彼には、この政治が偶然を境位にして成立することは、ほとんど自明であったはずだ。あるいは政治実践の主題化を通して、スピノザが「実体」において消去する偶然に、「必然性の欠如」とは異なる資格を与えようとしたのかもしれない。「狂気」が「理性の欠如」とは異なっているように?

しかしフーコーに「偶然性」の問題化はない。その代わり、『臨床医学の誕生』には「唯名論的還元」がある。「臨床医学的まなざし」は、疾病の本体を摑まえようとして、疾病を「名称でしかない」存在にするというのである。疾病は個人＝個体への問診と観察を通して集められた諸症状の「上に建てられ」、体表の「下」にその「見えない」原因――「見えない」と「見えている」原因――が探られるけれども、どうしてその個人にその疾病が現れたのか、症状の個別的変異はなぜ生まれるのかは結局「見えない」、とされる。先の引用に続けてフーコーは述べる。「見えないで見えるものとは、禁じられ、かつ切迫した秘密であるもの、つまり個人に対する認識である」。臨床医学は観察と治療の対象を「個人」と見定めるのに、つまり「個人」が臨床医学にとって究極の対象であるのに、臨床医学はそれを最終的に摑まえられないというのである。症状を体表上に配置－分類していく「長い空間化の果てにようやく、個人が知に対して与えられる」。「知」が摑むべき対象として、である。すなわちまだ摑めていないもの、「知」には「禁じられ」さえするものとして、だ。

アルチュセールにおいてもフーコーにおいても、「個人」の存在をたしかなものにする技術的な「知」が探られているのである。存在をたえず不安定にする境位のなかに、「知」はその手を差し入れる。「個人」は「見えないで見えるもの」として、「深淵」に沈められている。そこに「知」が訪れ、「個人」は、あるいは「個人」が、パスカル的に「回転」する「人間」の身分を獲得して「歴史の起源」になるだろう。「知」がつねに摑まえそこねる可能性をもった格別の対象、ないしその可能性そのものをなしつつ、「個人」は「歴史」をその把握の成功と失敗の永続的なドラマにするだろう。「ある」ことはたしかなのに摑まえられないか（フーコーの医学）、ひょっとすると「ない」かもしれず（アルチュセール）、いずれにしてもその把握が「歴史」になる対象。把握しようとする技術が「政治」になる対象。

しかしここで、二人の哲学者の差異も浮き彫りになる。アルチュセールにおいて、この対象を「深淵」から取り出し確実に存在させようとするのは、存在を脅かされている「主体」自身である。アルチュセールその人の〈私〉であり、言論の自由と法だけでは存続が危ぶまれる「国家」である（国家の場合には国家自身が「個体（＝個人）」として存在しようとする――「一にして不可分」とフランス国家は憲法により自らを規定している）。ところがフーコーにおいて「個人」を対象にするのは、「主体」ならぬ歴史的に与えられた「権力‐知」（後出）にほかならない。刑務所と医学のセットである。アルチュセールにとって、政治技術はマルクス主義者が手にすべき肯定的な「知」であるのに、フーコーにとってその技術は、あくまで「抵抗」の対象を構成する。「権力があるところには、抵抗がある」（『知への意志』）。「抵抗」があるからこそ導入される技術が、「個人」を標的とする「権力‐知」にほかならない。

この差異はなんなのだろう。どう考えるべきなのだろう。「非‐存在」と「政治」と「歴史」のあいだに同じ三者関係を想定しつつ、アルチュセールとフーコーはいかにお互いに対して向き合うのか。

「政治」の主体は「狂人」である

アルチュセールのほうは、フーコーの言う「狂人」になろうとしたのだ。徴候的読解が知の過程に「切断」を持ち込み、新しい知の「起源」になるためには、マルクスはモーセのように〈見る〉と〈見ない〉を「混同」しなくてはならなかった。「見えない」神の後ろ姿を「見た」から、マルクスは新しい科学を創設することができたのだった。そのマルクスにまた同じ「〈見る〉=〈見ない〉」という重なりを発見してマルクス主義哲学をはじめようとするアルチュセールは、死体に向き合うビシャに似ている。彼にはマルクスのテキストはまさに「透明なヴェール」だ。テキストは見えない「理論」を「実践状態」で見せている、と想定するのだから。しかしビシャは、体内組織を見ても「個人」は見そこなった。「個人」は病理解剖学者のアルチュセール的意味における「見そこない bévue」を構成する。体表のすぐ下よりも深い「深淵」に沈められて、ビシャの目をたえずすり抜けた。パスカル的「人間」になったのである。アルチュセールがそのとき摑まえようとした「個体」たるマルクス主義哲学も、やはり彼の目をすり抜ける。「私」はそれを想像的にねつ造してしまった、とアルチュセールは述懐する。「見そこない bévue」を理性的に「見る」には、「非理性」を「狂気」に変換して表層に引き上げねばならないというのが、アルチュセールの読み取った『狂気の歴史』の教えだった。ならば、「個人」をそのまま「見る」ことなど理性的な「主体」にはできないというのが、フーコーの二冊を合わせた結論ではないのか。『狂気の歴史』の「狂気」と『臨床医学の誕生』の「個人」を結びつけ、アルチュセールは「狂人」だけが「個体」の存在性を回復できる、と読んだのである。「政治」の主体は「狂人」である、と。「狂人」が「歴史」をはじめる、と。そもそも、テキストを読むなかで預言者同様に「神の背中」を見た、と主張するばかりか、「実体」の振舞いをまねて「個体」になろうとする、それを固有の「政治」にする、とは狂気の沙汰でなくてなんだろうか。『狂気の歴史』に裏打ちされて、『神学政治論』は「歴史」書になる。スピノザの『資本論』になる。スピノザが「錯乱」を持ち出して踏みとどまった一歩を、アルチュセールはフーコーに背中を押されて踏み出したにちがいない。「私」の求める「政治」には、こちらの道が通じている……。

たしかにフーコーの「狂人」も、あるいは彼においては「狂人」こそ、「権力‐知」に抵抗する存在者であった。その意味においてすぐれて「政治」を構成した。フーコーの「狂人」は、精神医学的な「知」による同定すなわち個体化に抗う。この「知」から逃げる。けれども、そのことにより逆説的に個体性を主張して、「権力‐知」とのあいだに「政治」を生んでしまう。

そんな「狂人」のアルチュセール的形象がマキァヴェッリだ。「私たちがたまさか彼を摑まえようとしても、彼は私たちから逃げる。摑まえがたき人」（「マキァヴェッリとわれわれ」）。政治的創設者の絶対的孤独を理論において体現するこの人物は、「一般理論に、当の一般理論の重力から逃れさせてくれるものを求める」。「一般的諸テーゼを互いに否定させ合うことにより規定し、それらのテーゼからはまったく演繹されない諸概念を、それらのテーゼに生産させる」。生産された諸概念を、アルチュセールは「むしろ政治問題の位置《ポジション》と呼ぶべき」とする。近代国家はいかなる既知の「原因」からも演繹されない、という「位置」だ（本書第四章）。

さらに、「マキァヴェッリとわれわれ」では「深淵」の語がアルチュセールに親しい「空虚」と等値され、マキァヴェッリはそこへ飛び込む人と規定される。「依拠や反対をして古典的理論と戯れるのをやめ、マキァヴェッリが自分に属する一つの空間を開くときが来る。彼は空虚のなかへ跳躍しなければならない」。すなわち「深淵」のなかへ。パスカル的「人間」が落ちたところへ、マキァヴェッリは、したがってアルチュセールは、自ら跳躍するのだ。そこへ飛び込むことで、マキァヴェッリは「はじまり」の哲学者になる。アルチュセールが求めた「哲学」の先人になる。

四　国家の政治——フーコーと対立する

「終わり」のマキァヴェッリ

一九七七―七八年度講義『安全・領土・人口』において、フーコーは何度かマキァヴェッリを取り上げている。しかし、その位置づけはアルチュセールにおけるのとは著しい対照をなす。「マキァヴェッリこそが政治思想の近代を切り開いたなどとは思いません。それどころか、彼はある時代の終わりをしるしづけていると思います」(一九七八年一月二五日)。自ら「はじめる」理論家どころか、時代の「終わり」を、これも自ら引き寄せるどころか、「しるしづける」だけの人。アルチュセールは七七年六月にパリの国立政治学財団でマキァヴェッリについて講演しており(「マキァヴェッリの孤独」)、その記録は当時まだ刊行されていなかったものの、かつての師がマキァヴェッリについて講演したという事実程度は、フーコーも知っていたかもしれない。そのタイトルとともに、マキァヴェッリにとって「既存の国家はすべて古い」と断じて革新者マキァヴェッリを強調する、という内容の概略もまた。

そのように想像したくなるのは、フーコーがマキァヴェッリを位置づける仕方が、最終評価を別にすれば、アルチュセールとそっくりだからである。「マキァヴェッリにとって、君主は自分の公国に対し単数性・外在性・超越性という関係にあります」(二月一日)。マキァヴェッリの求める「巧みさ」は、国家に対しアルチュセールが一言で「孤独」と呼ぶ「単数性・外在性・超越性」という関係を結ぶことで可能になる。それがよく見えたから――とフーコーは推論する——反マキァヴェッリ論者たちは、「巧みさやノウハウにかんする論考の代わりになにか別のものを立てる」ことができた。「孤独」に駆使される「巧みさやノウハウ」では国家の統治が綱渡りに堕す、とマキァヴェッリから学んだのである。統治の主体と対象が外在的な関係にあるかぎり統治は安定しないだろう、「領土」に代表されるこの外在的な関係こそを終わらせねばならないだろう、と。「終わり」のしるしは、成功と失敗を背中合わせにするマキァヴェッリ的君主の「孤独」にある。

反マキァヴェッリ論者たちはマキァヴェッリから、「マキァヴェッリの問題はまさに国家の国家における保守ではない」と学んだ(三月一八日)。国家の創設と保守が、マキァヴェッリを契機に別の政治になったのである。それほど、マキァヴェッリは当時の「議論の中心にいる」(同)。「彼の言ったことを通じて統治術とはなにかということが探し求められた」(同)。国家を教会に服属させようとする者と、「国家理性」の概念を通じて統治術の特有性を探し求める者とが、互いに敵対し合いながら相手をマキァヴェッリ主義者と呼ぶ。どちらにとっても、敵は統治を「君主の気まぐれ」に切り縮めるマキァヴェッリ主義者だ。国家理性の支持者にとっては、王権神授論は神の名による君主の恣意の是認であり、カトリックにとっては、国家理性は君主の振舞いから道徳的枷《かせ》を外せと要求している。マキァヴェッリの摑まえがたさをともに「気まぐれ」と摑むことで、両者の論争は、統治の対象を「領土」の獲得と防衛から「人口＝

住民population」の「安全」へ、この「安全」としての「国家の保守」へ、移行させていく。だとすれば、マキァヴェッリはまさに「抑圧」されて「起源」になっていないか？「見える」統治対象（「領土」）の下に沈められ、統治に「切断」を持ち込んでいないか？フーコーのマキァヴェッリは、「終わり」と「はじまり」を互いのautre tour（別の業《わざ》）にしている。このマキァヴェッリを「終わり」と位置づけるなら、そう位置づけるフーコーと、マキァヴェッリをあくまで「はじまり」に位置づけるアルチュセールの二人もまた、互いのautre tour（別の面）をなしている。

「装置dispositif」か「装置appareils」か

とはいえ、フーコーが自らの「装置dispositif」概念を、アルチュセールの「装置appareils」概念から距離を取りつつ練り上げていったことはたしかである。国家の「イデオロギー装置」と「抑圧装置」を区別するアルチュセールを念頭に置いて、フーコーは宣言する――「知と権力が実際にはいかに互いに結びついているかを示さなければならない」（一九七二―七三年度講義『処罰社会』）。「イデオロギー」ではなく「知」を、「抑圧／暴力」ではなく「権力」を問題にしよう。さらに、「権力が行使されるところはどこも、イデオロギーではなく知が形成される場所であり、逆に、確立されたあらゆる知は権力の行使を可能にし、保障する」（同）。ゆえに、

「権力」と「知」も、両者をハイフンで結んだ一語である「権力‐知」に置き換えよう。これが、政治を論じるフーコーのいわば出発点である。

この「権力‐知」がほぼそのまま「権力装置 dispositif de pouvoir」と言い換えられた（一九七三‐七四年度講義『精神医学の権力』――そこでは「精神医学」という「知」が「権力装置」である）。そして「権力‐知」とも併用されつつ、その歴史的結晶として「監獄」が主題化された（『監獄の誕生』一九七五）。「監獄」は二種類の「装置 appareils」のいずれかでも融合でもなく、「規律訓練」による主体生産という機能によって定義される一種類の制度的「装置 dispositif」であり、それは社会そのものの理念的ひな型として、上部構造としての「国家」ではなく上部も下部もない全体を、「処罰社会」として組織する。フーコーはそうアルチュセールに応答した。

しかし、マキァヴェッリを最後に「領土」から「安全」へと統治の対象が変わった、と述べる『安全・領土・人口』において、フーコーはもう一つの移行も語っている。自身の「視点」にかかわる移行である。「個々の制度のそとに出て、権力技術という包括的な視点を立てること」（二月八日）。ここで「制度」の例として挙げられているのが「パノプティコン」であり、「制度」への「視点」、「制度」という「視点」とは、機能――「パノプティコン」の場合には「規律訓練」――によって権力を分析、定義することだとされる。機能の「視点」からは「安全」への移行は見えない、というのである。

言い換えれば、「安全」が代表するものは「装置 dispositif」の「そと」にある。「権力装置」には「そと」がある。「そと」に出なければならないのは、「制度」の「視点」が「機能上の欠陥」を「包括」していないからだとされる。「そと」に出てはじめて、「監獄の歴史は、監獄の機能上の欠陥さえも支えとするさまざまな戦略・戦術のなかに書き込まれているということが分かる」。「戦略・戦術」は「巧みさやノウハウ」の一種だろう。君主の「孤独」も戦略の一環ではあったろう。だとすれば、「そと」は「権力技術」と「政治技術」の差異もまた「包括」する力関係の空間、成功も失敗もありえる抗争的空間ではないのか。とにかくこの「そと」の「視点」から国家に向かう政治を、フーコーは「統治性」と名指し、その「統治性」の転換として、「対象・標的」の「戦略・戦術」的移行を分析しようとする。

「そと」の権力技術

「安全」を「対象・標的」にすることは、「国家のそと」に視点を移してはじめて見える「権力技術」であり、権力の「戦略・戦術」である。この「技術」、「戦略・戦術」を、彼は同じ二月八日の講義において「司牧権力」と呼ぶ。後期フーコーの権力論として名高いこの名前はこのときはじめて登場した。「人口＝住民」の「安全」を図るという／ための「技術」、「戦略・戦術」は、羊飼いをモデルにするというのである。羊飼いにならって人々を「統治する」。「統治する」という語の意味そのものに「道に沿って導く、前進させる」、「自分で前進する」ことが含まれているという点も、フーコーは指摘している。「統治」はそもそも「司牧的」に人々を「安全」に「導く」営みであるわけだ。

では「司牧的」に、とはどういうことだろうか。「司牧権力は個人化を行う権力です」。牧者が群れを導くことができるのは「群れから逃げる羊が一頭もいないからにほかなりません」。病理解剖学にも精神医学にも「パノプティコン」にもできなかった「個人」の掌握を、「司牧権力」はできるというのだろうか。そうではないだろう。そうした「権力-知」ないし「装置」には限界があり、失敗もまた機能的に必然であるから、失敗を別様にカバーし、成功と失敗をあらかじめ「包括」した技術を、「司牧権力」は提供しようとする。ところが——

ここにおいて、あの牧者の逆説に到達することになります。それは二つの形をとります。第一に牧者は、全体に目を光らせるとともに、それぞれの羊にも目を光らせなければならない。つまり全体的かつ個別的に *omnes et singulatim* です。(……)第二に、群れのために牧者が犠牲になるという問題、群れ全体のために牧者自身が犠牲になったり、群れ全体が一頭の羊のために犠牲になったりするという問題において、逆説はさらに強烈になります。

この逆説を解く「技術」はあるだろうか。ない、と言うべきだ。機能的に定義される「装置」を「なか」に含んで働く「権力技術」は、「群れ」を目線に収めるだけで、「群れ」にも「牧者」にも「安全」な「前進」を保証してはいない。目線に収めた結果が逆説だというのだから。フーコーもその点は承知しており、だからそれを「解いた」例としてモーセを持ち出す。「モーセとは、はぐれた一頭の羊を救済しに行くために群れ全体を棄てることを実際に受け入れた人です。彼は結局、その羊を見つけ、肩にかついで連れ帰った。するとそのとき、自分が犠牲にすることを受け入れたあの群れもやはり救済されていた。まさに、犠牲にすることを受け容れたということで、象徴的に救済されたのです」。救済したのはもちろん神である。モーセはただ逆説を受け容れただけだ。

包括的と言えば包括的な、しかしもっとも抽象的で一般的な仕方で述べられた、アルチュセールのモーセ問題に戻っている。〈見る〉と〈見ない〉を一致させるという逆説を「神の背中を見る」という形で「解決」したモーセ、逆説を自らの「目」に形象化、個体化、物質化さえさせたモーセであり、「イデオロギー装置」の働きにモデルを与えたモーセである。アルチュセールとフーコーにおいて、逆説はモーセにおいて――「によって」ではない――「解かれる」形になっている。フーコーにおいてモーセが体現しているのは、「全体的に」と「個別的に」が互いの autre tour（別の業《わざ》）をなす「回転」だ。それを形象化、個体化、物質化させることが、いかにして包括的な技術を「権力」に提供するかという問題へのフーコーの答えであると言っていい。アルチュセールが「二重の包摂」を移動させたように（本書第四章）、フーコーもまた自身がパスカルに発見した「回転」を移動させているのだ。移動させ、それを誰か／なにかに個体化させることを、「制度のそと」、「国家のそと」が求める解決策として絞り込んでいる。預言者を登場させることが「権力技術」の要になるのである。

ニーチェ主義を退ける

フーコーの「装置 dispositif」はアルチュセールの「装置 appareils」の「そと」にあろうとした。軍隊や学校の具体性、「もの」性、物質性に縛られた「装置 appareils」に対し、純粋に機能的に定義され、どんな「装置 appareils」に入り込むことも可能であるゆえにドゥルーズがのちに「抽象機械」と呼んだ（『フーコー』）「装置 dispositif」は、たしかに「そと」にある。dispositif は言ってみれば appareils の設計図だ。あるいは、appareils を動かし、改変し、ことによっては廃棄し、別のものに置き換える、appareils のなかでつねに稼働している「精神」である。appareils はつまりその「身体」である。「装置 appareils」に対する「装置 dispositif」のそんな内在性と外在性は、フーコーがその概念を練り上げるときにアルチュセールに対して取ろうとした距離により生まれたろう。フーコー自身、たとえば病院を appareil と呼び、そこにおける医者と患者の特殊な関係を dispositif と呼んでいたりする。「パノプティコン」を「権力‐知の appareil」と言い換えたり、「規律訓練装置 appareils disciplinaires」の「設計図」を口にしたりする。

そんな「装置 dispositif」のさらに「そと」に、「統治性」は見いだされた。そして一つの具体的「統治性」である「司牧権力」は、ある原理的逆説——全体的かつ個別的に *omnes et singulatim*——に「到達」した（君主の「孤独」はまた別の「統治性」をなすだろう）。歴史的にはさまざまであった「牧者」の身体性から「そと」に出たのである。「権力技術」を規定するこの原理的逆説は、「抽象機械」よりも抽象的で、「権力」の登場以来の歴史全体を貫くだろう。それはなにしろ、ギリシャ・ローマよりも古い東方の砂漠をさまよう牧者からはじまったのである。

アルチュセールが『安全・領土・人口』の内容を知っていたとは思えない。一九七七年から七八年にかけてと言えば、彼はフランス共産党による「プロレタリア独裁」放棄の問題にかかりきりであった。個人的にも、この時期にはフーコーとの交流は途絶えていた（それが復活するのは八〇年のエレーヌ事件のあとである）。しかし、フーコーが「マキァヴェッリの孤独」講演をひょっとすると知っていたのではないかと想像したくなるのと同程度に、アルチュセールは愛弟子のコレージュ・ド・フランス講義の内容に通じていたのではないかと思いたくなる共鳴の痕跡が、そのころのアルチュセールにはある。「プロ独」放棄に、マルクス主義に国家論が不在である証拠を見て取り、その欠を補うべく書かれた「自らの限界内にあるマルクス」(一九七八)である。フーコーが「統治性」を考えはじめたころ、アルチュセールは「国家」論に手を染めていた。そしてそこには、立論にとって根本的とも言えるフーコー批判が含まれている。ただしフーコーへの直接の言及はない。代わりに俎上にのせられるのは「力への意志」のニーチェである。したがって間接的には、フーコーだけでなく、フーコーとともにニーチェを哲学の最前線に復帰させたドゥルーズもまた標的にされていたろう。アルチュセールはいわゆる権力——法によって行使が正当化される「合法的権力」——に「先在する力」を考える必要性は承認する。それは「権力への変換がまだ済んでいない、まだ法律や権利体系に変換されていない〈力〉ないし〈暴力〉である」(強調原文、「自らの限界内にあるマルクス」)。彼はこの〈力〉ないし〈暴力〉をそのまま「権力」ないし「権力関係」と読み替えるニーチェ主義に反対するのである。

ここで形而上学的な〈力能〉(ショーペンハウアーに親しい「意志」や、われわれが取り組んでいる意味とはまったく違う意味をニーチェのもとで帯びる「力への意志」など)を持ち出したくなる誘惑をいっさい退けるために、取り急ぎ注意しておきたい。〈力〉や〈暴力〉は絶対的概念ではなく、相対的概念である。〈力〉とは二つの力のうち強いほうの力をいい、

〈暴力〉とは二つの暴力のうち優勢であるほうの暴力をいう。つまり〈力〉と〈暴力〉は対立する強さの差を言い表しているのである。

アルチュセールは、この「強いほうの力」、「優勢であるほうの暴力」が「権力」に「変換」されるとみなす。「支配階級の〈力〉だけが国家の唯一の原動力であり、国家のなかで権力へ、権利体系、法律、諸規範へと変換される唯一のエネルギーである」。「権力」の「背後世界」を考えることは正当であるけれども、「権力」が国家の「そと」の境位élément（ドゥルーズが多用する用語）をなすかのように論じることは形而上学だ、というわけである。とはいえ、フーコーもおそらく同意するだろうドゥルーズの言い方では、「力への意志」は「差異的境位」であるから、力関係一般を抽象化して――フーコー的に言えば「制度のそと」に出して――考えるか、より強いほうの力をマルクス主義的に「支配階級の」力と同定して注視するかは、さして大きな差異ではないかもしれない。

フーコーとの関係において重要であるのは、アルチュセールがこの論文において「国家装置appareils」を、〈力〉から「権力」への「変換」を司る「特別な機械」と呼んでいることだ。「国家は権力を生産する機械である」。「装置appareils」はそんな「国家の身体」と規定される。フーコーが自らの権力論を説明するさいに否定的に引き合いに出す、国家権力は支配階級の

「道具」であって、「道具」であるから「握る」ことができるという、フーコーならずとも評判の悪いレーニン的国家観をあえて擁護するのである。「装置 appareils」が「もの」であること、「人工的」であることにアルチュセールはこだわっている。それは「人工身体」であり、「この身体は物質的である」。

マルクス〈主義〉の限界

しかし、レーニンを典拠とするこの「特別な機械」論だけでよいなら、論文「自らの限界内にあるマルクス」は書かれる必要はなかったろう。マルクス主義国家論は、流行思想にも対抗しうる潜勢力をもってすでに「われわれ」の手元にある、ということになるから。それがあるのなら、アルチュセールにとっては、「プロレタリア独裁」をめぐる党の混迷は起きていなかった。この論文はあくまでも党員同志に向かって、混迷の原因はマルクス主義国家論の不在にあり、しかし必要な国家論の基礎をマルクス主義者はすでにもっている、と説くために書かれた。ニーチェ主義との対比は、「すでにもっている」基礎の現代的意義を確認するために行われたと言っていい。不在を埋めるためには、アルチュセールは「特別な機械」がいかにして「権力」を生産するか、支配階級の〈力〉を「権力」に変換するかを説明しなければならない。

だが、この説明ができたとアルチュセールが納得していれば、テキストとしては完結している「自らの限界内にあるマルクス」はお蔵入りにされなかったろう。テキストは二つの「絶対的限界」を指摘する。一つはマルクスその人の「絶対的限界」である。イデオロギーをたんなる観念としか考えず、観念の身体である「イデオロギー装置」とともには考えなかったという「限界」である。間違った観念は正しい観念によって批判されれば消える、と考えたことである。観念はつねに身体とともにあるというのに。つまりアルチュセールには依然として、スピノザ的並行論の護持が肝要なのである。「権力」の生産も、観念(イデオロギー)と「もの」(イデオロギー装置)の並行を前提に説明されねばならない。並行論は同時に構造的因果性論でもあるから(本書第三章)、「権力」の生産は構造による決定を覆すように説明されてはならない。とはいえ、構造による決定は観念と「もの」の合一としての個体、精神と身体の統一としての個人の生産については説明しなかった。その見極めが、彼の自己批判の背景をなしていた(本書第四章)。「国家の身体」として「装置」を持ち出しても、個体としての国家権力の生産は説明されない、と彼は知っていたはずだ。

というか、国家について精神と身体を持ち出すことで、彼は自分が、個体の「はじまり」というかつて立てた自分の「中心問題」に戻ったと気づいたはずだ。たとえば「イデオロギー装置はイデオロギーをガソリンにして動く」と論文に書いたときに。一〇年前のノートに「無意識はイデオロギーをガソリンにして動く」と記したさいの問題は、「自我分裂」が解消されないという点にあった(本書第四章)、とそのとき彼が思い出さなかったわけはないだろう。車が走るメカニズムは分かった。しかし、誰がどうやって車を発明したかはまったくの別問題であろう。フーコーが『安全・領土・人口』において『狂気の歴史』のパスカル問題に戻っていたころ、アルチュセールもまた彼のマキァヴェッリ問題、「個体の存在論」に戻っていたのである。「自らの限界内にあるマルクス」は、もう一つ別の「絶対的限界」を確認して終わっている。マルクスの限界ではない。今度は「マルクス主義的思考」がもつ「絶対的限界」だ。「政治を思考することのマルクス主義の無能」である。「いったい政治とはなんでありうるのか、政治はいかなる形で、どこにあるのか、なにが政治を非政治的諸形態から区別するのか」(強調原文)を、マルクスもレーニンもグラムシも「列挙や記述という形以外でわれわれに一度も与えたことがなかった」。しかし、論文が書かれた目的、著者がそこで答えようとした問いからして、答えの一端は明らかだろう。「権力」を生産するのは「政治」だ。どのようにしてかも、では「政治」とはなにかも別にして、それが「権力」を生産するとみなすところからはじめなければならない。答えの鍵は「政治」にあるのでなければならない。その鍵を差し出すと同時に、アルチュセールは問うている。しかし「われわれ」はよく知っているのではないか、「党で行われているのは、政治でなければいったいなんなのか」。そう記して、彼はテキストを閉じた。

五　自伝という「政治」
——「佐川くん」にならずピエール・リヴィエールになるために

「政治」を、説明できなくとも、実践することはできる。共産党員はそれを知っている——「われわれは実際、真なる観念をもっている」。かくして『未来は長く続く』が書きはじめられた。殺人事件を跨ぐ連続性においてこの自伝を読むとき、自伝は「犯人」の弁明とは異なる相貌を見せてくれる。

犯した殺人と精神鑑定による免訴処分のはざまで、責任主体としての個体性を消失したアルチュセールは、それでも私はここにいる、と社会に向かって言うために、出生から現在にいたることの顚末をしたためようとした。国家の司法装置 appareils と精神医学という権力装置 dispositif の協同と綱引きの結果、彼は社会のなかにいるのかいないのかよく分からない人になっていた。存在をタブー視して、いない人扱いするだけならまだいい。病院と自宅を往復しながら、ひっそり暮らすこともできたろう。彼が自伝の執筆を思いたったのは、パリの日本人留学生が留学生仲間のオランダ人女性を殺害して死体を食べる、という事件により、「ルイ・アルチュセール」の存在がまたクローズアップされたからである。「佐川くん」がアルチュセールと同じ免訴処分となって精神病院に収容されると、メディアは騒ぎはじめた。彼もいずれ出てくるだろう。アルチュセールと同じように。「ご注意！　殺人者がパリ市内を歩きまわっている」（当時の新聞の見出し）。

あらたな危機である。法のなかに「場所がない」（＝免訴）という身分さえ、危うくなってきた。措置入院により、刑務所と変わらない施設に再収容される可能性が現実味を帯びてきた。それを回避するため、つまり場所があろうとなかろうと「私」はいる、社会的「空虚」のなかにならいていい、と二つの「装置 appareils/dispositif」にあらためて承認させるため、「私」は強制入院の必要がない程度に正常であり、免訴が適当である程度に異常である、と哲学者は主張したくなる。二つの「装置」にのみならず、それらに露骨に圧力をかけようとするマスメディア装置――これも六九年の論文で「イデオロギー装置」の一つに数え入れられている――にも、「私」の存在を承認させねばならない。これは「政治」だ。「私」は結局、主体がいかにして自らに存在性を付与するかを理論的に説明することはできなかったけれども、党内生活を通じて、どうすればよいかは知っている。それを実践しよう。それを実践するとはどういうことか。「理論」には説明できないと示すことだ。「権力‐知」としての「理論」には「私」の個体性は摑まえられない、と示してみせれば、「空虚」のなかの「私」の存在は保たれるだろう。「私」の「理論」はそう「私」に教えてくれた。

かくして「私」は、行方不明者の生涯を「記述」しはじめた。二つの「装置」から逃げおおせれば、「私」はマキァヴェッリとその君主のように「存在」するのだ。

アルチュセールがその点に完全に自覚的であったことは、『未来は長く続く』が著者自身によりピエール・リヴィエールの手記になぞらえられていることからうかがえる。フーコーが発掘し、刊行した「狂人」の手記である(『ピエール・リヴィエール――殺人・狂気・エクリチュール』)。ピエール・リヴィエールもまた、この端正に美しい手記を書けるほどであったから、母と妹と弟を異常なやり方で惨殺しても、父に対しおかしな妄想を抱いても、司法にとっては正常であった。極刑に処すべき犯罪者であった。しかし精神医学にとっては、これが書けたということ自体が、狂っている証拠であった。リヴィエールは理性を狂気に奉仕させる、罪には問えない狂人であった。つまり手記の著者は、二つの「装置」がパスカル的「人間」と認めた「個人」であったのである。アルチュセールはピエール・リヴィエールになろうとする。「私」は本書によって「事件をめぐる論争が再燃するとは少しも思っていない」――再燃すると困ると思っている――けれども、「厳密な告白の前例がほとんどないような(ミシェル・フーコーが本にした、ピエール・リヴィエールの驚くべき告白は例外だ)生々しい一個の実体験について考えてもらうことができると自負している」。考えてもらえれば、「私」はあなたたちのなかに存在している。

自伝の最終章は著者のそうした意図をまったく隠そうとしていない。エレーヌとも付き合いのあった精神分析家との事実なのか架空なのかよく分からない対話の形をとって、「理論」は事件を摑まえられない、と分析家に言わせている。事件の考えうる「原因」をすべて退けさせている。「自分が原因の説明を手中にしたと自負する者は、死という決定的事後ではなく生における幻想のアンビヴァレンツも、内的な意味もまったく理解できないし、(……)偶然に支配された外的状況の役割も、まったく理解することができない」。この「権力-知」の人の最後のセリフはこうである。「いずれにしても私は、きみの公的な釈明が、きみの喪ときみの生においてきみ自身を取り戻す行為だったと考えている。要するにこれは古人の言うアクトゥス・エッセンディ、つまり存在証明ということだ」。アルチュセールはそこに、自分の言葉としてこう記す。「一言だけ付け加えておく。ここに記したよりも多くを知り、多くを語ることができると思う者は遠慮なく発言していただきたい。今となってはそれも私が生きるための手助けとなるばかりだ」。

読者からも逃げること、それが彼の存在証明である。それを書いて存在することが、彼の「理論における階級闘争」である。彼の闘争戦略については、フーコーがみごとに要約しているだろう。「ピエール・リヴィエールは、彼を摑まえるために人が使おうとしたあらゆる装置 appareils をショートさせ、罠にはめてしまったのです」。

本書において使用した文献

一　アルチュセールのもの

本書のなかで多少とも言及・引用した文献のみを挙げることにする。生前死後を問わないアルチュセールの既刊著作の網羅的リストとしては、西川長夫ほか訳『再生産について』下巻(平凡社ライブラリー、二〇一〇年)に付された「関連文献一覧」を参照されたい。邦語書における文献案内としては、いまのところもっともパノラマ的な眺望を与えてくれる。しかしそれが作成された二〇一〇年以降も、フランスでは死後出版が続いており、刊行著作の完全で完結した一覧はまだしばらく提供できそうにない。さらに、アルチュセールにかんしてのみならず思想研究の現状そのものが、未刊行資料の駆使を当然のように求めており、研究者的な関心をもつ読者には、遺稿が保管されているＩＭＥＣ(現代出版史資料館)のＷＥＢサイトから所蔵文献リストのファイルをダウンロードしていただくようお願いするのが適当と思われる(https://www.imec-archives.com/wp-content/uploads/2018/05/20ALT_Althusser_Louis_2018_05_mel.pdf)。ここでは、偏った部分的リストそのものが本書のアルチュセール像を少しでも補強してくれるよう願うばかりである。

文献名としては本書で使用したもの(および本書中の対応箇所が分かるようここで与える名前)を用い、

既邦訳タイトルと異なる場合にはそれも示す。数種類の邦訳が存在する論文があったり(最新版のみを挙げる)、訳書で使用されているタイトルだと紛らわしい(論文なのか講義なのか、単行本なのか雑誌論文なのか etc.)文献があったりするためである。それらを概ね執筆年代順に並べ、本書中の対応頁数を、それが限定される場合には【 】で記す。IMEC所蔵の未刊行文献については、上記リストにある資料名を仏語で表記する(非公開の書簡は名宛人と日付のみ)。リスト作成以前に参照した一部の資料についてはファイルを特定することができなかった。それらの出典を明記することができないことをお詫びしたい。リストは現在も関係者からの資料提供があるたびに更新され続けている。訳文は既邦訳があるものは基本的にそれにならい、行論に合わせて適宜変更させていただいた。

「一九四五年の夢日記」――『終わりなき不安夢――夢話一九四一―一九六七』市田良彦訳、書肆心水、二〇一六年【一三頁】

「善意のインターナショナル」(一九四六)――『哲学・政治著作集I』市田良彦・福井和美訳、藤原書店、一九九九年【一七頁】

「G・W・F・ヘーゲルの思考における内容について」(一九四七)――同【一九頁】

「人間、この夜」(一九四七)――同【一二、二〇頁】

「事実問題」(一九四九)――同【一四頁】

「ジャン・ラクロワへの手紙」(一九五〇―五一)――同【一五頁】

「アロンによるクルノ」(一九五三)――« Notes sur Raymond Aron et Paul Ricœur ». その他にレイモン・

アロン『歴史哲学入門』(一九三八)も参照(『レイモン・アロン選集』第四巻、霧生和夫訳、荒地出版社、一九七一年)。【五三頁】

「歴史哲学講義」(一九五五―五六)――「歴史哲学の諸問題」『政治と歴史――エコール・ノルマル講義一九五五―一九七二』市田良彦・王寺賢太訳、平凡社、二〇一五年【五五、五九頁】

『モンテスキュー――政治と歴史』(一九五九)――「モンテスキュー――政治と歴史」『政治と歴史――モンテスキュー・ヘーゲルとマルクス』西川長夫・阪上孝訳、紀伊國屋書店、二〇〇四年【五九頁】

「マキァヴェッリ講義」(一九六二)――「マキァヴェッリ」『政治と歴史――エコール・ノルマル講義一九五五―一九七二』

「スピノザ・ノート」(一九六二―六三と推定)――« Notes sur Spinoza »(時期の異なる複数の同名ファイルがＩＭＥＣのリストにはある)

「フーコーについてのセミナー」(一九六二)――« Séminaire 1962-1963 »というファイルに含まれる二つの文書、「歴史の起源」« Origine de l'histoire »と「フーコーと起源の問題設定」« Foucault et la problématique des origines ». ただしアルチュセール執筆のオリジナル原稿ではなく、二回のセミナーに出席していたバリバールが取ったノートである。それでも彼の証言によれば、アルチュセールは原稿を事前に用意して喋り、バリバールはそれをほぼ忠実に筆記した。図もアルチュセールが実際に板書したもので、本書に引いた図のほかに数個ある。

「コルニュ宛書簡」(一九六二年一一月一六日)――lettre à Marcel Cornu, le 16 novembre 1962, « Réponse à une critique (1963) »【五六頁】

「彼女の名を口ずさむとき……」(一九六三年五月)――『哲学・政治著作集Ⅱ』(市田良彦ほか訳、藤原書店、一九九九年)の銘として全文が引かれている。【七五頁】

『マルクスのために』(一九六五)(河野健二・田村俶・西川長夫訳、平凡社ライブラリー、一九九四年)所収論文

――「今日的時点」(序文、一九六五)【二四頁】

――「矛盾と重層的決定――探究のためのノート」(一九六二)【五五、五六、二〇〇頁】

――「「ピッコロ」、ベルトラッチーとブレヒト――唯物論的な演劇にかんする覚書」(一九六二)【一五八頁】

――「唯物弁証法について――さまざまな起源の不均等性について」(一九六三)

――「マルクス主義とヒューマニズム」(一九六三)【一七頁】

『資本論を読む』(一九六五)(上・中・下、今村仁司訳、ちくま学芸文庫、一九九六―九七年)所収論文

――「資本論からマルクスの哲学へ」(序文、一九六五)(上)

――「資本論の対象」(一九六五)(中)

「「連結の理論」メモ」(一九六六)――『哲学・政治著作集Ⅰ』の第Ⅰ部の編者解題で部分的に紹介されている。ＩＭＥＣリストになし。【四八頁】

「ヴァルデック・ロシェとの対談」(一九六六年七月二日)――« Entretien avec Waldeck Rochet, le 2 juillet 19 », *Aragon et le Comité central d'Argenteuil, les annales de la société des amis de Louis Aragon et Elsa Triolet*, n° 2, 2000【二〇〇頁】

「ガロディ－アルチュセール論争メモ」（一九六六）――« Comité central d'Argenteuil 11-13 mars 1966 »【二六頁】
「マルクス主義教本」（一九六六－六七）――« Théorie marxiste et parti communiste », « Socialisme idéologique et socialisme scientifique ». ほかに無題の草稿もあり、その一部が雑誌『マルクス－レーニン主義手帖』一一号（一九六六）に「史的唯物論と弁証法的唯物論」というタイトルで刊行された。【二八頁】
「言説理論にかんする三つのノート」（一九六六）――『フロイトとラカン――精神分析論集』石田靖夫ほか訳、人文書院、二〇〇一年【一六二頁】
「ルネ・ディアトキンへの手紙」（一九六六）――「Dへの手紙」同【五一頁】
「「われわれのエチカ」をめぐるバリバール宛書簡一九六六年一〇月」――« Lettres à Balibar ». IMECリストになし。【二九頁】
「グループ・スピノザ」関連文書――« Groupe Spinoza 1967-1969 »
――「一九六七年七月」（「空いた席」について）【二八頁】
――「一九六七年一一月」（マルクスの哲学の「ねつ造」について）【五頁】
「雑誌『理論』計画」――« Projet de revue Théorie », « Groupe Spinoza 1967-1969 »【三〇頁】
「科学者のための哲学講義」（一九六七）――一九七四年に『哲学と学者の自然発生的哲学――科学者のための哲学講義』として第四講義までが出版され（『科学者のための哲学講義』西川長夫ほか訳、福村出版、一九七七年）、最終回（第五講義）は『哲学・政治著作集Ⅱ』に収録されてはじめて刊行された。【三〇

頁】

「レーニンと哲学」(一九六八)――『フランス哲学会年報』に掲載されたあと、単行本化され(一九六八年)、その後他の論文を加えた増補版も刊行された(一九七二年)。『マキャヴェリの孤独』(福井和美訳、藤原書店、二〇〇一年)収録。【三一、五三、一九五、二〇二頁】

「マルクスのヘーゲルに対する関係について」(一九六八)――ジャン・イポリットのゼミで口頭発表された原著は前掲増補版『レーニンと哲学』に収録され、邦訳書では前掲『政治と歴史――モンテスキュー・ヘーゲルとマルクス』に収録。【三九、二〇二頁】

「イデオロギーと国家のイデオロギー装置」(一九六九)――数種類の邦訳が存在するが、この論考が抜粋された単行本草稿全体を、『再生産について』(上・下、西川長夫ほか訳、平凡社ライブラリー、二〇一〇年)として読むことができる。同訳書には論考の雑誌発表版も収録されている。アルチュセールがこの論考を含めて編んだ論文集『立場』(一九七六)は独立した単行本としては邦訳されていない。

「資本論をいかに読むか」(一九六九)――『国家とイデオロギー』西川長夫訳、福村出版、一九七五年【五六頁】

「マキァヴェッリとわれわれ」(一九七二―八六)――「マキァヴェッリと私たち」『哲学・政治著作集II』

『ジョン・ルイスへの回答』(一九七三)――「ジョン・ルイスへの回答」『歴史・階級・人間』西川長夫訳、福村出版、一九七四年【三五頁】

『自己批判の基礎』(一九七四)――「自己批判の要素」『マキャヴェリの孤独』【三五、八六頁】

「アミアンの提説」(一九七五)――「アミアンの口頭弁論」『マキャヴェリの孤独』【八六、一一七頁】

「哲学入門書プロジェクト」(一九七六―七八?)――そのなかから『哲学においてマルクス主義者であること』(*Être marxiste en philosophie*, PUF, 2015. 邦訳は市田良彦訳、航思社、二〇一七年)と『非哲学者のための哲学入門』という書物が刊行されている(未邦訳、*Initiation à la philosophie pour les non-philosophes*, PUF, 2014)。後者を書き直している途中で破棄された無題の異版も存在する。【三五頁】

「マキァヴェッリの孤独」(一九七七)――「マキャヴェリの孤独」『マキャヴェリの孤独』【二一九、二二七頁】

『共産党のなかでこれ以上続いてはならないこと』(一九七八)――『ルモンド』紙に四回にわたって連載された記事を単行本化したもの。翌年に邦訳された(加藤晴久訳、新評論)。邦訳書には一九七七年にヴェネチアのシンポジウムで口頭発表された「炸裂したマルクス主義の危機」も収録されている。【三六頁】

「自らの限界内にあるマルクス」(一九七八)――「自らの限界にあるマルクス」『哲学・政治著作集Ⅰ』

「ラカン派への公開書簡」(一九八〇)――「「被分析者の名において……」」『フロイトとラカン――精神分析論集』【三七頁】

「出会いの唯物論の地下水脈」(一九八二)――『哲学・政治著作集Ⅰ』

『未来は長く続く』(一九八五)――刊行は一九九二年。邦訳は『未来は長く続く』宮林寛訳、河出書房新社、二〇〇二年。原著および訳書ともに一九七六年の自伝『事実』を含む。

「唯物論のユニークな伝統」(一九八五)――『未来は長く続く』草稿群から抜き出され、独立して刊行されたもの。同書文庫版(一九九四)に「資料」として付された。邦訳は市田良彦・福井和美訳により『批

評空間』Ⅱ期五号、六号に掲載。【一七一、一九九頁】
「唯物論哲学者の肖像」(一九八六)――『哲学・政治著作集Ⅰ』【四三頁】
『フランカへの手紙：一九六一―一九七三』(一九九八)――『愛と文体――フランカへの手紙』Ⅰ・Ⅱとして一部が邦訳刊行(阿尾安泰ほか訳、藤原書店、二〇〇四年)。

二　その他のもの

(1)アルチュセール関連

ヤン・ムーリエ・ブータン『アルチュセール伝――思想の形成〈一九一八―一九五六〉』(一九九二)今村仁司ほか訳、筑摩書房、一九九八年

ジャック・ランシエール「テキストの舞台」(一九九一)――アルチュセールの出現を「閃光」に譬えた論考。一九九〇年の彼の死の直後に開かれた追悼コロキアムで発表され、コロキアム報告集に収録されたが、その後ランシエールの論文集(『言葉の肉』芳川泰久ほか訳、せりか書房、二〇一三年)に再録された。その際にテキスト冒頭の「閃光」をめぐる記述は削除された。【二頁】

――『アルチュセールの教え』(一九七四)――一九六八年の「レーニンと哲学」講演について、「レーニンがソルボンヌ大学に登場した」と述べたテキスト(市田良彦ほか訳、航思社、二〇一三年)。【三一頁】

エティエンヌ・バリバール「いまを共有しない人」(一九八八)――エレーヌ殺害事件後、アルチュセールがまだ存命中にニューヨークで行われたシンポジウムで発表された。その後バリバールの論文集に収録(『ルイ・アルチュセール――終わりなき切断のために』福井和美編訳、藤原書店、一九九四年)。

【三頁の「この男の名前と(……)ほとんどタブーです」という箇所】

(2)スピノザ関連

スピノザ『エティカ』工藤喜作・斎藤博訳、中公クラシックス、二〇〇七年
――『知性改善論』森啓訳、河出書房新社、世界の大思想9、一九六六年
――『神学・政治論』上・下、吉田量彦訳、光文社古典新訳文庫、二〇一四年
――『政治論』井上庄七訳、世界の大思想9
――『スピノザ往復書簡集』畠中尚志、岩波文庫、一九五八年
ジル・ドゥルーズ『スピノザと表現の問題』(一九六八)工藤喜作ほか訳、法政大学出版局、一九九一年
【一七六頁】

(3)フーコー関連

ミシェル・フーコー『狂気の歴史』(一九六一)田村俶訳、新潮社、一九七五年
――『臨床医学の誕生』(一九六三)神谷美恵子訳、みすず書房、一九六九年
――「ピエール・リヴィエールの帰還」(一九七六)――鈴木雅雄訳、『ミシェル・フーコー思考集成VI』蓮實重彦・渡辺守章監訳、筑摩書房、二〇〇〇年【二三六頁】
――『安全・領土・人口――コレージュ・ド・フランス講義一九七七―一九七八』(二〇〇四)高桑和巳訳、筑摩書房、二〇〇七年

ミシェル・フーコー編著『ピエール・リヴィエール――殺人・狂気・エクリチュール』(一九七三)慎改康之ほか訳、河出文庫、二〇一〇年【二三五頁】
ジル・ドゥルーズ『フーコー』(一九八六)宇野邦一訳、河出書房新社、一九八七年【二二六頁】

謝　辞

誰よりもアレクサンドル・マトゥロンに謝意を表さなくてはなりません。本文のなかでは引用しなかったので「本書において使用した文献」には入れませんでしたが、本書のアイデアの根幹はこのスピノザ研究の大家の二著に支えられています。Alexandre Matheron, *Individu et communauté chez Spinoza*, Minuit, 1969, *Études sur Spinoza et les philosophies de l'âge classique*, ENS Editions, 2011. 一覧に入れずにここで名を挙げる理由は、本書において彼に負っているものが私的な会話も含み、多すぎるためです。哲学としてはやや無理のあるアルチュセールの「偶然性唯物論」をそれでも哲学的に論じうる可能性が、スピノザの『知性改善論』と合わせ読むことで生まれるのではないか、と彼は示唆してくれました。自分が完成を諦めた『知性改善論』についての単行本の話とともに。かなり昔のことになるある夕食後の会話から得られたヒントを膨らませることで、本書の筋立てはできあがりました。岩波新書編集部から話をいただいたとき、あの示唆を追いかけてみたい、追いかければ一冊書けるのではないか、とすぐに思いました。それをすることは私にとっては恩返しでもありました。息子の友人にすぎない日本人のフランス語を嫌がりもせずに何度も直してくれたばかりか、研究者としての自信をもたせてくれた彼に対しては、たんなる謝辞を綴るだけでは足りないとずっと思っていました。スピノザにかんする私の無知については、立命館大学の小泉義之氏に補っていただきました。彼に本書の準備ノートを送り、質問し、意見を聞くことにより、本書は多くの無駄と無謀を省くことができたうえ、いくつもの新しい論点を加えることができました。京都大学人文科学研究所の立木康介氏には、ラカンについて大事な情報をいただきました。同研究所の田中祐理子氏には、フーコーの『臨床医学の誕生』が本書のアルチュセール像にとっていかに重要かを気づかせてもらいました。同じく王寺賢太氏には草稿の一部を読んで貴重な意見をもらいました。エティエンヌ・バリバール氏には、煩瑣な質問に丁寧に答えていただきました。上野修氏には、氏が大阪大学在籍時に主宰されていた科研費研究会で、本書の一部となる話をさせていただきました。

岩波新書編集部の中山永基氏には、実務的にお世話になったばかりか、この人を面白がらせたいという想定読者になっていただきました。読者のことをよく考える書き手とは言いがたい私の本が、少しでも読めるものになっているとしたら、それは彼とのやりとりのおかげです。

二〇一八年八月

市田良彦

市田良彦

1957年生まれ．神戸大学大学院国際文化学研究科教授．著書に，『存在論的政治――反乱・主体化・階級闘争』(航思社)，『革命論――マルチチュードの政治哲学序説』『アルチュセール　ある連結の哲学』『闘争の思考』(以上，平凡社)，『ランシエール　新〈音楽の哲学〉』(白水社)など．訳書にルイ・アルチュセール『終わりなき不安夢――夢話 1941-1967(附：二人で行われた一つの殺人)』(書肆心水)，『哲学においてマルクス主義者であること』(航思社)，『政治と歴史――エコール・ノルマル講義 1955-1972』(共訳，平凡社)，『哲学・政治著作集』全2巻(共訳，藤原書店)など．

ルイ・アルチュセール―行方不明者の哲学
岩波新書(新赤版)1738

2018年9月20日　第1刷発行

著　者　市田良彦《いちだよしひこ》

発行者　岡本　厚

発行所　株式会社 岩波書店
〒101-8002 東京都千代田区一ツ橋 2-5-5
案内 03-5210-4000　営業部 03-5210-4111
http://www.iwanami.co.jp/

新書編集部 03-5210-4054
http://www.iwanamishinsho.com/

印刷製本・法令印刷　カバー・半七印刷

ISBN 978-4-00-431738-8　Printed in Japan

岩波新書新赤版一〇〇〇点に際して

ひとつの時代が終わったと言われて久しい。だが、その先にいかなる時代を展望するのか、私たちはその輪郭すら描きえていない。二〇世紀から持ち越した課題の多くは、未だ解決の緒を見つけることのできないままであり、二一世紀が新たに招きよせた問題も少なくない。グローバル資本主義の浸透、憎悪の連鎖、暴力の応酬――世界は混沌として深い不安の只中にある。

現代社会においては変化が常態となり、速さと新しさに絶対的な価値が与えられた。消費社会の深化と情報技術の革命は、種々の境界を無くし、人々の生活やコミュニケーションの様式を根底から変容させてきた。ライフスタイルは多様化し、一面では個人の生き方をそれぞれが選びとる時代が始まっている。同時に、新たな格差が生まれ、様々な次元での亀裂や分断が深まっている。社会や歴史に対する意識が揺らぎ、普遍的な理念に対する根本的な懐疑や、現実を変えることへの無力感がひそかに根を張りつつある。そして生きることに誰もが困難を覚える時代が到来している。

しかし、日常生活のそれぞれの場で、自由と民主主義を獲得し実践することを通じて、私たち自身がそうした閉塞を乗り超え、希望の時代の幕開けを告げてゆくことは不可能ではあるまい。そのために、いま求められていること――それは、個と個の間で開かれた対話を積み重ねながら、人間らしく生きることの条件について一人ひとりが粘り強く思考することではないか。その営みの糧となるものが、教養に外ならないと私たちは考える。歴史とは何か、よく生きるとはいかなることか、世界そして人間はどこへ向かうべきなのか――こうした根源的な問いとの格闘が、文化と知の厚みを作り出し、個人と社会を支える基盤としての教養となった。まさにそのような教養への道案内こそ、岩波新書が創刊以来、追求してきたことである。

岩波新書は、日中戦争下の一九三八年一一月に赤版として創刊された。創刊の辞は、道義の精神に則らない日本の行動を憂慮し、批判的精神と良心的行動の欠如を戒めつつ、現代人の現代的教養を刊行の目的とする、と謳っている。以後、青版、黄版、新赤版と装いを改めながら、合計二五〇〇点余りを世に問うてきた。そして、いままた新赤版が一〇〇〇点を迎えたのを機に、人間の理性と良心への信頼を再確認し、それに裏打ちされた文化を培っていく決意を込めて、新しい装丁のもとに再出発したいと思う。一冊一冊から吹き出す新風が一人でも多くの読者の許に届くこと、そして希望ある時代への想像力を豊かにかき立てることを切に願う。

（二〇〇六年四月）